교양 러시아어
— 러시아와의 만남

전혜진

Учебник русского языка в среднем уровне
- Встреча с Россией

문예림

저 자	전 혜 진

한국외국어대학교 노어과와 통역번역대학원 한노과를 졸업한 후, 동대학교 일반 대학원에서 러시아 언어학 박사과정을 수료하였고, 러시아 모스크바 국립 대학교에서 러시아 언어학 박사학위를 받았다. 현재 중앙대학교 국제대학원 전문통번역학과 교수로 재직중이며, 국제회의 통역사와 번역가로 활동 중이다. 1999년부터 2003년까지 EBS 교육방송 라디오 러시아어회화의 집필과 진행을 맡았으며, 러시아어 교육 방법론 연구와 교재 개발에 많은 관심을 기울이고 있다. 〈현대 러시아어의 변화 경향〉, 〈외국인을 위한 러이사어 능동문법 연구〉, 〈한-노 통역에서 변형기법 연구〉 등 러시아어 의미론, 교육학, 통번역 관련 논문이 다수 있으며, 저서로는 10여권 이상의 EBS 라디오 러시아어 회화 교재와 〈러시아어 회화 사전〉, 〈노래로 배우는 러시아어〉, 〈꿩 먹고 알 먹는 러시아어 첫 걸음〉, 〈러시아어 편지 쓰기〉, 〈프레쉬 러시아어 문법〉, 〈영어 대조 러시아어 회화〉가 있다. 역서로는 〈영화로 배우는 러시아어-형제〉, 〈러시아 문화 세미나〉 등이 있다.

교양 러시아어

러시아와의 만남

초판 인쇄 : 2014년 1월 20일
초판 발행 : 2014년 1월 30일

저　자 : 전 혜 진
펴낸이 : 서 덕 일
펴낸곳 : 도서출판 **문예림**
등　록 : 1962. 7. 12　제2-110호

주소 : 서울특별시 광진구 군자동 1-13 문예하우스 101호
전화 : (02)499-1281~2
팩스 : (02)499-1283
http://www.bookmoon.co.kr
E-mail : book1281@hanmail.net

ISBN 978-89-7482-754-0(13790)

＊잘못된 책이나 파본은 교환해 드립니다.

머리말

'왜 러시아어를 공부하느냐' 라는 질문을 여러분께 해봅니다.
'러시아를 알기 위해 러시아어를 배운다.', '러시아 문학 작품을 읽기 위해 러시아어를 배운다.', '러시아 문화를 느끼기 위해 러시아어를 배운다.' 등의 답변을 기대해 볼 수 있습니다.

「교양러시아어 - 러시아와의 만남」은 러시아어를 배우면서 러시아를 알고, 러시아 문학작품을 읽고, 러시아 문화를 느끼도록 만들었습니다. 여러분은 본 교재로 러시아어를 공부하면서 고대와 현대의 러시아, 러시아 사람들, 러시아의 삶 그리고 모스크바, 뻬쩨르부르그, 뿌쉬낀, 도스또옙스끼, 뚜르게네프, 똘스또이, 체홉을 만나게 될 것입니다.

「교양러시아어 - 러시아와의 만남」은 중급단계의 러시아어 학습서로써 러시아어 커뮤니케이션 능력을 향상시키고 러시아어를 통한 러시아 문화와의 소통을 목표로 하였습니다.
1단계 「함께 러시아 읽기」에서 러시아 사회, 문화, 예술, 역사, 인물에 대한 에세이, 문학작품 등 다양한 주제의 텍스트를 담아서 러시아어 읽기 연습을 합니다. 2단계 「러시아어 단어&숙어 익히기」에서는 러시아 어휘에 대한 조어론적 정보를 비롯하여 다양한 러시아어 어휘와 숙어 표현을 소개하고 있습니다. 3단계 「러시아어 문법 배우기」에서 기능적인 측면에서 의사소통을 목표로 하여 러시아어 문법을 체계적으로 설명하고 있습니다. 4단계 「러시아어 표현 따라잡기」코너에서는 자연스럽고 살아있는 러시아어 표현을 소개하고 있습니다. 5단계 「러시아어로 말하기」에서는 상황별, 주제 별로 러시아어로 말하는 능력과 스킬을 향상시킬 수 있습니다. 6단계 「러시아어 연습마당」에서는 러시아어 문법을 바르게 사용하는 능력을 체크하고, 러시아어로 읽기, 쓰기 능력을 배양하는 연습을 하도록 구성하였습니다. 또한 「러시아 속담 한 마디」를 통해 러시아어의 독특한 색채와 향기를 느낄 수 있습니다.

「교양러시아어 - 러시아와의 만남」이 여러분의 러시아어 커뮤니케이션 능력을 제고하는데 길잡이 역할을 하기를 바랍니다. 아울러 여러분이 아름다운 러시아어, 아름다운 러시아를 만나기를 희망합니다.

2013년 가을
전 혜 진

차례

머리말	/ 3
Урок 1	Москва 모스크바 / 7
Урок 2	Метро в Москве 모스크바의 지하철 / 25
Урок 3	Знаменитые памятники России 러시아의 유명 기념비 / 45
Урок 4	Немного об истории России 러시아 역사에 대해 / 57
Урок 5	О Москвичах 모스크바 사람들에 대해 / 73
Урок 6	Немного о А.С. Пушкине 뿌쉬낀에 대해 / 85
Урок 7	Какую профессию выбрать? 직업선택 / 101

Урок 8	На льдине (по Б. Житкову) 얼음 조각 위에서 / 115
Урок 9	Воробей (По И. Тургеневу) 참새 / 131
Урок 10	Четыре желания (Л. Н. Толстой) 네 가지 소원 / 145
Урок 11	Петербург 뻬쩨르부르그 / 159
Урок 12	Русские сувениры 러시아 기념품 이야기 / 177
Урок 13	Золотая рыбка (По сказке А.С. Пушкина) 황금 물고기 / 191
Урок 14	Арбат 아르바뜨 거리 / 209
Урок 15	Новый год 새해 / 231

차례

Урок 16 Камень (По О. Козыреву) 돌덩이 / 245

Урок 17 Метель (По повести А.С. Пушкина) 눈보라 / 263

Lección 18 Злой Мальчик (По А.П. Чехову) 못된 녀석 / 279

Lección 19 Идиот (Ф.М. Достоевский) 백치(도스또옙스끼) / 295

Lección 20 Война и мир (Л.Н, Толстой) 전쟁과 평화(똘스또이) / 313

부록 1 러시아어 문법 도표 편람표 / 339

부록 2 러시아어 연습 마당 해답편 / 351

Урок

01

Москва

모스크바

1단계 | 함께 러시아 읽기

Москва

Москва - неповторимый уникальный город. В Москве интересно всё - её история, архитектура, исторические ценности, культура, темп и уклад жизни её жителей. Трудно забыть этот город, если вы однажды побывали в нём.

Когда и как родился этот город? Впервые о Москве стало известно в 1147 году. Суздальский князь Юрий Долгорукий писал черниговскому князю Святославу и приглашал его приехать «во град Москов»[1] и сообщал, что в честь этой встречи в Москве организован был обед. Этот год считают датой основания Москвы, а князя Юрия Долгорукого - её основателем. Сейчас в центре Москвы соит памятник Юрию Долгорукому.

Москва - самый богатый музеями город России. В Кремле находится Оружейная палата - один из первых музеев России. В Москве находится Третьяковская галлерея - богатейшее собрание русской живописи, Государственный музей изобразительных искусств имени Пушкина, где находится лучшие живописи и скульптуры.

В Москве жили и работали великие писатели, художники, композиторы: Пушкин, Лермонтов, Толстой, Репин, Чайковский, Васнецов, Бородин, Цветаева, Горикий и другие. Москва бережно хранит память об этих людях и музеях, посвященных им.

Огромна роль Москвы в развитии русской культуры и науки. В Москве был открыт первый университет и первый русский театр,

---

1) 《во град Москов》 : в город Москву의 고어 표현

создана первая печатная книга, открыта первая типография, вышла первая русская газета.

Идёт время, город растёт, живёт и меняется. Старое переплетается с новым, но неизмененным остаётся одно: Москва - главный город России, центр русской земли. Сейчас Москва - большой красивый город. Её территория - 994 кв. км., население - свыше 12 миллионов человек. В Москве 9 вокзалов, 5 аэропортов, более 100 музеев и театров.

Русская пословица говорит: Кто в Москве не бывал - красоты не видал. Приезжайте в Москву, посмотрите - правда ли это.

모스크바

모스크바는 전 세계에 다시 없는 유일무이한 고유한 아름다움을 지닌 도시입니다. 모스크바에는 역사, 건축, 역사적 가치, 문화, 시민 생활의 속도와 삶의 양식 등 흥미로운 모든 것이 다 있지요. 모스크바를 한 번 방문하고 나면, 이 도시를 잊기가 어렵습니다.

언제, 어떻게 이 도시가 탄생하게 된 걸까요? 모스크바가 처음 알려진 것은 1147년입니다. 수즈달의 유리 돌고루끼 공후가 체르니고프의 스뱌또슬라프 공후에게 편지를 써서 모스크바 도시로 초대를 합니다. 그리고 모스크바에서의 이 회동을 기념하기 위해 오찬을 마련하였음을 알립니다. 그 해가 모스크바 설립연도이고 설립자는 유리 돌고루끼입니다. 오늘날 모스크바 시내에 유리 돌고루끼 동상이 서있습니다.

모스크바는 러시아에서 박물관이 가장 많은 도시입니다. 크레믈에는 러시아 초기 박물관 중의 하나인 무기고가 위치하고 있습니다. 러시아 그림을 가장 많이 소장한 뜨레찌야꼬프 화랑도 위치하고 있고, 가장 훌륭한 그림과 조각상이 있는 뿌쉬낀 국립조형예술박물관도 있습니다.

뿌쉬낀, 레르몬또프, 똘스또이, 레삔, 차이꼽스끼, 바스네쪼프, 바로진, 쯔베따예바, 고리끼 등의 위대한 작가, 예술가, 작곡가가 모스크바에 살았고 활동을 하였습니다. 모스크바는 이러한 사람들과 이들을 기념하는 박물관에 대한 기억을 소중히 간직하고 있습니다.

러시아 문화와 학문의 발전에서 모스크바의 역할은 지대합니다. 모스크바에서 러시아 최초의 대학과 최초의 러시아 극장이 개설되었고, 최초의 인쇄 책자가 만들어졌으며 최초의 인쇄소가 문을 열었고, 최초의 러시아 신문이 발간되었습니다.

시간이 흐르고, 도시는 성장하고 살아 숨쉬고 변화합니다. 옛 것이 새 것과 결합하지만 변하지 않는 것이 한 가지 있지요. 모스크바가 러시아의 주요 도시이고, 러시아 땅의 중심이라는 것입니다. 오늘날 모스크바는 아름다운 대도시입니다. 모스크바의 면적은 994평방 km이고, 인구는 1200만 명 이상입니다. 모스크바에는 9개의 기차역, 5개의 공항, 100개 이상의 박물관과 극장이 위치하고 있습니다.

'모스크바에 가보지 못한 사람은 세상의 아름다움을 보지 못한 것이다' 라는 러시아 속담이 있답니다. 여러분이 모스크바를 직접 방문하셔서 이 말이 사실인지 확인해 보십시오.

2단계 | 러시아어 단어&숙어 익히기

неповторимый 다시 없는, 유일무이한
уникальный 독특한, 고유한
история 역사
архитектура 건축
исторический (история의 형용사형) 역사의, 역사적인
ценность (여성 명사) 가치
культура 문화
темп 속도
уклад жизни 삶의 양식
житель 주민
забыть (완료상) 잊다
побывать (불완료상) 머물다, 방문하다
князь 공후
основание 설립
основатель 설립자
богатый(+чем) 풍부한
оружейный (оружие의 형용사형) 무기의
палата 의회, 관리소, 병실
галлерея 화랑, 갤러리
собрание (собрать의 명사) 모음, 수집
живопись (여성 명사) 그림
изобразительное искусство 조형예술
скульптура 조각
бережно 조심스럽게, 소중히
хранить (불완료상) 보관하다, 지키다
память (여성 명사) 기억, 추억
посвященный(+кому, чему) - 에 바치는 (посвятить의 피동 형동사 남성 형태)
роль (여성 명사) 역할

Урок 1 Москва

развитие 발전
культура 문화
наука 학문, 과학
открыт 개설되다 (открыть 피동 형동사 남성 단어미 형태)
печатная книга 인쇄 책자
типография 인쇄소
расти (불완료상)자라다, 성장하다
меняться (불완료상)변화하다
переплетаться (с+조격) 얽히다
неизмененный 불변의
остаться (완료상)남다, 남아있다
земля 땅, 토지
территория 영토
кв. км. (квадратный километр) 평방 킬로미터
население 인구
свыше 이상
миллион 백만
пословица 속담
красота (красивый의 명사형) 아름다움
видать (불완료상)보다

3단계 | 러시아어 문법 배우기

명사 복수 주격

대부분의 남성 명사와 여성 명사의 복수 주격은 경변화일 경우 어미 -ы를 붙이고, 연변화일 경우 -и를 붙인다. 그리고 남성 명사 일부와 모든 중성 명사는 경변화일 경우, 복수형 어미 -а를, 연변화일 경우 -я를 취한다.

성	변화 형태	단수 주격	복수 주격	복수 주격 어미
남성명사	경변화	студент завод	студенты заводы	-ы
여성명사		газета страна	газеты страны	
남성명사	연변화	герой дождь нож враг	герои дожди ножи враги	-и
여성명사		деревня ценность кожа	деревни ценности кожи	
중성명사	경변화	письмо дело	письма дела	-а
	연변화	поле здание	поля здания	-я

❋ 남성, 여성 명사의 복수 주격

1. 복수 주격 어미 -ы

경자음으로 끝나는 대부분의 남성 명사와 -a로 끝나는 여성 명사의 복수 주격은 복수 주격은 어미 -ы를 붙여 표현한다.

> 예 경자음으로 끝나는 대부분의 남성 명사: студент- студенты, завод-заводы, композитор- композиторы
> -а로 끝나는 여성 명사: газета-газеты, машина-машины, скульптура-скульптуры

2. 복수 주격 어미 -и

1) -й로 끝나는 남성 명사

   > 예 герой-герои, музей-музеи,

2) -я로 끝나는 여성 명사

   деревня-деревни, статья-статьи, линия-линии

3) 연음부호 - ь으로 끝나는 남성명사와 여성 명사

   > 예 дождь-дожди, путь-пути
   > 예 площадь-площади, ценность-ценности

4) - ж,-ч,-ш,-щ로 끝나는 남성명사와 여성 명사

   > 예 нож-ножи, карандаш-карандаши, врач-врачи, плащ-плащи
   > 예 кожа-кожи, ноша-ноши, ночь-ночи, роща-рощи

4) - г, -к,-х로 끝나는 남성 명사와 여성 명사

   > 예 враг-враги, художник-хкдожники, пастух-пастухи
   > 예 нога-ноги, студентка-студентки, старуха-старухи

3. 복수 주격 어미 -а (-я)

남성 명사 일부는 예외적으로 복수주격 어미로 -а (-я)를 갖는다.

예) дом-дома, край-края, берег-берега, город-города, учитель-учителя, профессор-профессора

❋ 중성명사의 복수 주격

1. 복수 주격 어미 -а

-о로 끝나는 중성명사에 -а를 붙여 복수 주격형태를 만든다

예) письмо-письма, дело-дела, государство-государства

2. 복수주격어미 -я

-е로 끝나는 중성명사에 -я를 붙여 복수 주격 형태를 만든다.

예) поле-поля, море-моря, здание- здания

형용사 복수 주격

형용사 복수형은 남성, 여성, 중성의 구분 없이 동일한 어미를 갖는다. 경변화일 경우에는 -ые 복수 주격 어미를, 연변화일 경우 -ие 어미를 갖는다.

형용사 단수 주격	변화 형태	형용사 복수 주격		어미
новый студент новая студентка новое здание	경변화	новые	студенты студентки здания	-ые
последний музей последняя страница последнее место	연변화	последние	музеи страницы места	-ие

Урок 1 Москва

예

Новые исследовательские институты расположены на юге города.
새로운 연구소는 도시 남쪽지역에 위치하고 있다.

В саду маленькие птицы поют.
정원에서 작은 새들이 노래한다.

Красивы берега Волги.
볼가 강가는 아름답다.

Построены новые высокие дома.
새로운 고층 집들이 세워졌다.

Прекрасные новые здания украшают столицу.
훌륭한 새 건물이 수도를 단장해 준다.

Появляются новые школы, кинотеатры, магазины.
새로운 학교, 극장, 상점이 생기고 있다.

В Москве жили и работали великие писатели, художники, композиторы.
위대한 작가, 예술가, 작곡가들이 모스크바에서 살고 작업했다.

4단계 | 러시아어 표현 따라잡기

- **богатый(+чем)** –가 풍부한
  '–가 풍부하다'라는 표현을 할 때 'богатый + 조격'을 사용한다.
  > 예 Восточная Сибирь и Дальний Восток богаты разнообразными природными ресурсами.
  > 동시베리아와 극동지역은 다양한 천연자원이 풍부하다.
  > Чем богаты рыба и морепродукты?
  > 생선과 해산물은 무엇이 풍부한가?

- **находиться(+где)**
  '–에 위치하다'라는 표현을 할 때 'находиться+в, на 전치격'을 사용한다.
  находиться와 함께 расположен을 사용할 수도 있다.
  > 예 В Москве находится Третьяковская галлерея, Государственный музей изобразительных искусств имени Пушкина.
  > 모스크바에는 뜨레찌야꼬프 화랑과 뿌쉬낀 조형예술 박물관이 있다.
  > Корея расположена на Корейском полуострове.
  > 한국은 한반도에 위치하고 있다.

- **один из**(+ 복수 생격)
  '–중의 하나이다'라는 표현을 할 때, 'один из + 복수 생격'을 사용한다 (복수 생격 형태는 2과 문법 참고).
  여기서 한국어와 러시아어 표현의 차이를 유념할 필요가 있다.
  '한국은 IT 강국이다', 또는 '교통 문제가 가장 심각하다' 등의 표현을 살펴 보면, 한국어에서는 단정적으로 기술하는 경향이 있지만, 러시아어에서는 '중의 하나이다'라는 표현을 사용하여 완곡하게 표현하는 것을 선호한다.

  비교)(한국어) 한국은 IT 강국이다.
  　　　(러시아어) Корея стала одной из ИТ-держав.
  　　　(한국어) 교통문제가 가장 심각하다.
  　　　(러시아어) Одной из самых серьёзных проблем является транспорт.

- посвящённый(+кому, чему)

    '–에 바치다'라는 표현을 할 때 'посвящённый + кому, чему'를 사용한다.

    예 Этот доклад посвящён экологическим вопросам.

    이 보고서는 환경문제를 다루고 있다.

    Музей посвящён подвигу воинов Ленинградского флота.

    이 박물관은 레닌그라드 함대의 전쟁 공적을 기념하는 박물관이다.

    Эти песни посвящены учителям.

    이 노래는 스승에게 바치는 노래이다.

5단계 | 러시아어로 말하기

Диалог 1

Таня : Минсу, расскажи мне о своей жизни в Москве?
Минсу : А что тебя интересует?
Таня : Где жил, что видел?
Минсу : Летом я был в Институте имени Пушкина.
Таня : А где ты жил?
Минсу : Я жил в общежитии.
Со мной в комнате жил ещё Чолсу, а рядом в комнате жили рябята из Греции.
Таня : Где находится этот институт?
Минсу : В юго-западном районе Москвы, очень удобное место.
Таня : Почему ты говоришь, что это очнь удобное место?
Минсу : Потому что там рядом лес, стадион и пруд. Мы занимались не только русским языком, но и спортом.
Таня : Какие занятия у тебя были?
Минсу : У нас были занятия фонетики, грамматики, литературы и истории.
Таня : Что было после занятий?
Минсу : После занятий было много интересных экскурсий. Мы были в Мавзолее Ленина, Третьяковской галерее, Библиотеке имени Ленина и музее Пушкина.
Таня : А в театры ты ходил?
Минсу : Летом, к сожалению, многие московские театры уезжают на гастроли, но я был в Центральном детском театре, Театре кукол, Московском Художественном театре.
Таня : А у тебя были экскурсии в другие города?
Минсу : Я ездил в Сакт-Петербург, Суздаль, Владимир, Ясной Поляне.

Таня : Ты доволен поездкой?
Минсу : Конечно! После экскурсий у меня было масса эмоций и впечатлений.

Диалог 2

В гостинице "Звезда"
Гостиница "Звезда" находится недалеко от Красной площади.
Это новая частная гостиница. ди.

Она небольшая : в ней всего сорок номеров.
Администратор : Здравствуйте. Вы заказывали номер?
Майк : Да, заказал.
Наташа : Вот копия факса, в котором вы подтверждаете, что заказ принят.
Администратор : Хорошо. Ваш паспорт, пожалуйста.
Наташа : Вот он.
Администратор : Спасибо. Вы сможете получить его завтра утром.
Майк : Скажите, пожалуйста, в номере есть телевизор.
Администратор : Конечно. Пять каналов работают на русском языке.
И есть ещё один канал, по которому можно смотреть передачи Си-Эн-Эн. Они передают целый день по-английски.
Майк : Знаете ли вы, когда передают новости?
Администратор : Извините меня, точно не помню.

	Но вся информация есть в номере на русском и на английском язык
Майк	: Спасибо. А как здесь можно постирать ве И есть ли тут химчистка?
Администратор	: Если вы отдадите нам те вещи, которые нужнопостирать и почистить, до 12 часов дня, они будут готовы к 8 часам утра на следующий день.
Майк	: Прекрасно! Что ещё? Чуть не забыл! Есть ли у вас какие-нибудь английские или американские газеты?
Администратор	: Да, Мы получаем английскую "Таймс" и американскую "Нью-Йорк Геральд Трибьюн. Но они приходят к нам два дня позже.
Майк	: Как работает ваш ресторан? Когда он открыт?
Администратор	: У нас нет ресторана. Но здесь за углом , совсем близко, есть ресторан.
Майк	: А где можно позавтракать?
Администратор	: У нас есть буфет с лёгкими закусками и пиццей на втором этаже. Меню есть в вашем номере. Вы можете заказать завтрак прямо в номер, если хотите.
Майк	: Спасибо. Вы очень помогли мне.

6단계 | 러시아어 연습마당

I. 다음 질문에 러시아어로 답하시오.

1. Сколько лет Москве?
2. С каким событием связано первое известное о Москве?
3. Кто является основателем Москвы?
4. Были ли вы в Мосвке? Если да - какие ваши любимые места?
5. Что вы знаете о современной Москве?
6. Сравните Москву со столицей своей страны.

II. 다음 문장을 보기처럼 바꾸시오.

Образец: Весной овраг наполнился водой.
    Весной овраги наполнились водой.

1. Пастух выгнал стадо.
2. Вдали мелькнул огонёк.
3. Под горой бьёт холодный ключ.
4. Зеленеет роща.
5. Яркий луч солнца осветил комнату.
6. Идёт сильный дождь.
7. В наших лесах растёт ель.
8. Как преобразовалась наша степь?
9. В поле собралась большая стая птиц.
10. В саду поёт соловей.

Ⅲ. 다음 명사를 복수형으로 만드시오. 강세를 찍으시오.

Образец: окно́ - о́кна

Письмо, кольцо, стекло, зерно, лицо, село

Образец: де́ло - дела́

Право, стадо, зеркало, слово

Образец: зда́ние - зда́ния, госуда́рство - госуда́рства

Собрание, заседание, совещание, упражнение, правительство

Ⅳ. 다음을 러시아어로 옮기시오.

1. 러시아는 문화강국이다.

2. 모스크바는 러시아의 문화와 학문 발전에서 중요한 역할을 하고 있다.

3. 모스크바는 옛 것과 새 것이 결합되어 있는 도시이다.

4. 시베리아는 천연자원이 풍부하다.

5. 이 논문은 세계화 추세에 대해 다루고 있다.

러시아 속담 한 마디

В чужой монастырь со своим уставом не ходят.
로마에서는 로마 법을 따르라.
* 남의 수도원에 갈 때 자기네 규율은 갖고 가지 마라.

Урок

02

Метро в Москве

모스크바의 지하철

1단계 | 함께 러시아 읽기

Метро в Москве

Можно ли сегодня представить Москву без метро? Конечно нет! Метро - самый удобный и быстрый транспорт огромного города. Станции московского метро красивы, чисты, не похожи одна на другую. Его поезда быстры, а вагоны комфортабельны

Идея построить метро в Москве появилась в 1901 году. К 1902 году русский инженер Пётр Балинский уже подготовил проект строительства метро.

Проект был несложным. Планировалась постройка неглубокого метро и экстакады над Красной и Пушкинской площадями. Но проект не смогли осуществить из-за противодействия владельцев конок, трамваев, а также недостатка денег и опыта.

Через 10 лет, в 1912 году, в городской думе обсуждался новый проект подземной железной дороги. На этот раз планировалось продолжить уже 3 подземных линии. Но первая мировая война помешала реализовать этот план.

Спустя ещё 6 лет Москва стала столицей государства, и в 1918 году был разработан план генерального переустройства города. Однако экономические трудности, нехватка опытных инженеров и рабочих снова не позволили начать строительство.

Окончательное решение о строительстве метро в Москве было принять в 1931 году. А 15 мая 1935 года 13 станций открыли свои двери для пассажиров - начала действовать первая линия метро («Сокольники» - «Парк культуры»). Этот день сейчас отмечается как «день рождения Российского метро».

На сегоднящний день самая новая станция метро - станция

《Славянский базар》, открытая 7 сентября 2008 года. Это сто семьдесят седьмая станция московского метро.

Сейчас московское метро занимает первое место в мире по числу пассажиров.

Каждый день метро пользуется около 9 миллионов человек.

모스크바의 지하철

오늘날 지하철 없는 모스크바를 상상할 수 있습니까? 물론 아닙니다! 지하철은 대도시의 가장 편안하고 빠른 교통 수단입니다. 모스크바 지하철역은 아름답고 청결하며, 각 역사마다 고유한 특징을 갖고 있습니다. 지하철은 빠르며, 편안합니다.

모스크바 지하철 건설 구상이 나온 것은 1901년입니다. 1902년까지 러시아 공학자 뽀뜨르 발린스끼는 지하철 건설계획을 수립하였습니다. 계획은 복잡하지 않았습니다. 깊지 않은 지하철과 붉은 광장과 뿌쉬낀 광장에 구름다리 건설을 계획하였습니다. 그러나 마주와 전차 소유주의 반대와 또한 자본과 경험의 부족으로 계획을 실행할 수 없었습니다.

10년이 지난 1912년에 시의회에서 지하철 건설에 대한 새로운 계획이 논의되었습니다. 이번에는 3개의 지하철 노선을 건설하기로 계획하였습니다. 그러나 제 1차 세계대전으로 이 계획을 실행할 수 없었습니다..

6년이 지난 후에 모스크바는 수도가 되었고, 1918년에 도시 개발 계획이 수립되었습니다. 그러나 경제적인 어려움, 경험 있는 엔지니어와 인력의 부족으로 건설에 착수할 수 없었습니다.

1931년에 모스크바 지하철 건설에 대한 최종결정안이 채택되었습니다. 1935년 5월 15일에 13개의 역이 승객을 위해 문을 열었습니다. 모스크바 지하철 1호선 (소꼴니끼– 빠르끄 꿀뚜리)이 운행을 시작하였습니다. 오늘날 이 날을 '러시아 지하철 설립일'로 기념하고 있습니다.

　현재 최신 지하철 역사는 2008년 9월 7일에 개설된(개통된) '슬라비얀스끼 바자르' 역으로, 77번째 모스크바 지하철 역입니다.

　오늘날 모스크바 지하철은 승객 수 면에서 세계 1위를 차지하고 있습니다. 매일 약 900만 명이 지하철을 이용하고 있습니다.

2단계 | 러시아어 단어&숙어 익히기

представить (완료상) 상상하다, 제출하다
транспорт 교통
вагон 차량
комфортабельный 편안한
идея 사상, 구상
появиться (완료상) 출현하다
подготовить (완료상) 준비하다
проект 계획, 설계

строительство 건설
несложный 복잡하지 않은
планироваться(불완료상) 계획되다
постройка 건축
экстакада 구름다리
осуществить(완료상) 수행하다
из-за(+чего) –때문에
противодействие 반대
владелец 소유주
недостаток 부족
деньги(항상 복수로 사용) 돈
опыт 경험
городская дума 시의회
обсуждаться(불완료상) 논의되다
подземная железная дорога 지하철도
подземная линия 지하철 노선
помешать(완료상) 방해하다
реализовать(불완료상) 실현하다
спустя 후에, 지나서
разработан 수립되다(разработать의 피동형동사 разработанный의 남성 단어미 형태)
генеральный 전반적인
переустройство 재건
позволить(완료상) 허락하다
окончательный 최종적인
принять решение 결정을 채택하다
открыть свои двери 개통하다
действовать(불완료상) 작동하다
отмечаться(불완료상) 기념되다
занимать (какое-то) место –한 위치를 차지하다
пользоваться(불완료상) (+чем) 이용하다

Урок 2 Метро в Москве

3단계 | 러시아어 문법 배우기

명사 복수 주격

1. 남성 명사 복수 생격

남성 명사의 복수 생격은 경변화일 경우, 복수생격 어미 -ов 연변화일 경우, -ев를 붙인다. 연음 부호(ь) 또는 ж, ч, ш, щ로 끝날 때, 복수 생격 어미 -ей를 붙인다.

1) 복수 생격 어미 -ов

남성명사의 경변화일 경우, 즉, 남성 명사가 경자음으로 끝날 경우, 복수 생격 어미 -ов를 갖는다.

> 예 инженер - инженеры - инженеров (группа инженеров)
> ученик - ученики - учеников (задача учеников)
> лес - леса - лесов (сохранение лесов)

* 남성 명사 중 복수 주격 어미 -ья를 갖는 경우, 복수 생격 어미 -ьев를 붙인다.
> 예 брат - братья - братьев (книга братьев)
> лист - листья - листьев (цвет листьев)
> стул - стулья - стульев (окраска стульев)

* 예외: друг와 сын은 예외적으로 복수 생격 어미 -ей를 갖는다.
> друг - друзья - друзей (любовь друзей)
> сын - сыновья - сыновей (обязанность сыновей)

2) 복수 생격 어미 -ев

남성명사의 연변화일 경우, 즉, 남성 명사가 й 끝날 경우, 복수 생격 어미 -ев를 갖는다

> 예 герой - героев (подвиги героев)

музей - музеев (коллекции музеев)

владелец - владельцев (противодействие владельцев) :

접미사 -ец의 e는 출몰모음으로 격변화시 탈락되는 모음이다.

강세가 있을 경우에는 복수 생격 어미 -ёв를 갖는다.

бой -боёв (много боёв)

3) 복수 생격 어미 **-ей**: 연음 부호(ь) 또는 **ж, ч, ш, щ**로 끝날 때, 복수 생격 어미 **-ей**를 붙인다.

> 예 вождь - вождей
>
> огонь - огней
>
> нож - ножей
>
> врач - врачей
>
> карандаш - карандашей
>
> товарищ - товарищей

남성명사 단수 주격	복수주격	복수생격
студент	студенты	студентов
завод	заводы	заводов
герой	герои	героев
музей	музеи	музеев
врач	врачи	врачей
товарищ	товарищи	товарищей
брат	братья	братьев
лист	листья	листьев
друг	друзья	друзей
сын	сыновья	сыновей

2. 여성 명사 복수 생격 어미

어미 -а(-я)를 갖는 여성 명사의 복수 생격 zero 어미를 갖는다. 연음 부호(-ь)으로 끝나는 명사는 -ей를 복수 생격 어미로 갖는다.

1) **zero 어미**

   어미 -а(-я)를 갖는 여성 명사는 복수 생격 어미로 zero 어미를 갖는다

   여성 명사 어미가 -а로 끝나서 경변화일 경우, 복수 생격에서 경자음으로 끝난다.

   예 женщина - женщин
       страна -стран

   여성 명사 어미가 -я로 끝나서 연변화일 경우, 복수 생격에서 연자음으로 끝난다.

   예 земля - земель
       деревня -деревень

   * 예외적으로 песня, вишня 등은 복수 생격이 песен, вишен으로 경자음으로 끝난다.

   -й 어간을 갖는 여성 명사(семья - сем ja: фамилия - фамили ja: армия - арми ja)는 복수 생격에서 -й를 갖는다 (즉 어간의 마지막 자음이 –й로 끝남)

   예 семья - семей
       фамилия - фамилий
       армия - армий

2) **연음 부호(-ь)로 끝나는 명사는 -ей를 복수 생격 어미로 갖는다.**

   예 степь -степей
       ночь -ночей
       мышь - мышей
       тетрадь - тетрадей

여성명사 단수주격	복수주격	복수생격
женщина	женщины	женщин
страна	страны	стран
земля	земли	земель
деревня	деревни	деревень
стая	стаи	стаей
семья	семьи	семей
армия	армии	армий
ночь	ночи	ночей
мышь	мыши	мышей

3. 중성 명사 복수 생격

1) **-о**로 끝나는 명사, **-ие**로 끝나는 명사, **ж, ч, ш, щ**자음 다음에 **-е**로 끝나는 명사와 **ц**자음 다음 **-е**로 끝나는 명사는 복수 생격에서 어미를 갖지 않는다. 즉. **zero**어미를 를 갖는다.

   예 -о로 끝나는 명사:
   окно - окон
   письмо - писем

   -ие로 끝나는 명사: здание -зданий
   собрание - собраний

-ие로 끝나는 명사의 복수 생격에서 -ий는 생격의 어미가 아니라, 명사의 어간에 들어간다.
здание -зданиj-е - зданий
собрание - собрани j-е - собраний

ж, ч, ш, щ자음 다음에 -e로 끝나는 명사와 ц자음 다음 -e로 끝나는 명사:
училище - училищ
полотенце -полотенец

2) -e로 끝나는 명사는 복수 생격 어미 -ей를 갖는다.
   예 море - морей
   поле -полей

3) 예외적으로 일부 중성 명사는 복수 생격 어미 -ов를 갖는디. 또한 복수 주격 -ья를 갖는 중성 명사 перо, крыло, дерево는 복수 생격 어미 -ьев를 갖는다.
   예 복수 생격 어미 -ов:
   облако - облаков
   복수 생격 어미 -ьев:
   перо -перья - перьев
   крыло - клылья - крыльев
   дерево - деревья - деревьев

중성명사 단수주격	복수주격	복수생격
окно	окна	окон
письмо	письма	писем
задание	задания	заданий
собрание	собрания	собраний
море	моря	морей
поле	поля	полей
перо	перья	перьсв
дерево	деревья	деревьев

형용사 복수 생격

　형용사 복수형은 남성, 여성, 중성의 구분 없이 동일한 어미를 갖는다는 것을 1과에서 배웠다. 형용사 복수 생격은 경변화일 경우에는 -ых 어미를, 연변화일 경우 -их 어미를 갖는다.

형용사 복수 주격		변화 형태	형용사 복수 생격		어미
новые	студенты студентки здания	경변화	новых	студентов студенток зданий	-ых
последние	музеи страницы места	연변화	последних	музеев страниц мест	-их

예

Они достигли хороших результатов.
그들은 좋은 결과를 얻었다.

Корея добилась экономических успехов.
한국은 경제 분야에서 성공을 거두었다.

Она избегала разговоров на политическую тему.
그녀는 정치 주제로 대화하기를 피했다.

Это касается новых методов лечения.
이것은 새로운 치료방법에 관한 것이다.

Отец не может читать без очков.
아버지는 안경 없이 책을 못 보신다.

Книги Аркадия Гайдара интересны не только для детей, но и для взрослых.
아르까디 가이다르 책은 어린이 뿐만 아니라 어른에게도 재미있다.

У наших друзей нет денег путешествовать.
우리 친구들에게는 여행할 돈이 없다.

Проект не смогли осуществить из-за противодействия владельцев конок, трамваев, а также недостатка денег и опыта.
마주와 전차 소유주의 반대와 또한 자본과 경험의 부족으로 계획을 실행할 수 없었다.

4단계 | 러시아어 표현 따라잡기

осуществлять/осуществить
'–를 수행하다', '–를 실현하다'의 의미로 다음의 명사와 자주 결합한다.
> осуществлять план 계획을 실행하다
> осуществлять задачу 과제를 실행하다
> осуществлять замысел 구상을 실현하다
> осуществлять мечту 꿈을 실현하다
> осуществлять желание 염원을 실현하다

из-за(+чего)
'–때문에'의 의미를 가지며, 주로 나쁜 원인을 나타낼 때 사용한다.
> Из-за плохой погоды вылет самолёта задержали.
> 나쁜 날씨 때문에 비행기 이륙이 지연되었다.
> Из-за вас мы опоздали на поезд.
> 당신 때문에 우리는 기차 시간에 늦었다.

Проект не смогли осуществить из-за недостатка денег и опыта.
자본과 경험 부족으로 프로젝트를 실행할 수 없었다.

🛫 мешать/ помешать

'–가 –하는 것을 방해하다'를 표현할 때, мешать+кому+инф.을 사용한다.

예 Шум мешает мне слушать.
소음이 내가 듣는 것을 방해한다.
소음 때문에 나는 들을 수 없다.
(*무생물 주어구문의 번역시 무생물 주어는 원인, 이유로 처리해야 함)
Не мешайте ему работать.
그가 일하는 것을 방해하지 마시오.
Первая мировая война помешала реализовать этот план.
제 1차 세계대전이 이 계획을 실현하는 것을 방해하였다.
제 1차 세계대전으로 이 계획이 실현되지 못하였다.

🛫 позволять/ позволить

позволять +кому+инф.는 무인칭 구문으로 '–가 –하는 것을 허락하다', 즉, '–때문에 –를 할 수 있다'를 표현한다.

예 Экономические трудности, нехватка опытных инженеров и рабочих не позволили начать строительство.
경제적인 어려움, 경험 있는 엔지니어와 일군 부족으로 건설을 시작할 수 없었다.
Развитие ИТ позволяет нашей стране войти в ряд развитых стран.
IT의 발전으로 우리나라는 선진국에 진입할 수 있다.

🛫 отмечать/ отметить

'–를 기념하다'를 표현할 때, 동사 또는 를 사용한다.

예 Сегодня мы отмечаем всемирный день воды.
오늘 우리는 세계 물의 날을 기념한다.
1- ого января отмечают Новый год.
1월 1일에 설을 쇤다.

Этот день отмечается как 《день рождения Российского метро》.

이 날 '러시아 지하철 설립의 날'을 기념한다.

занимать какое-то место

'занимать какое-то место +где +по чему'는 '–에서 –면에서 –한 위치를 차지하다'를 표현할 때 사용한다.

예 Сейчас московское метро занимает первое место в мире по числу пассажиров.

오늘날 모스크바 지하철은 승객 수면에서 세계 1위를 차지하고 있다.

Компания Самсунг занимает первое место в мире по производству полупроводников.

삼성은 반도체 생산에서 세계 1위를 차지하고 있다.

Корея занимает ведущее место в мире по развитию ИТ.

한국은 IT 발전에서 세계적으로 선도적인 위치를 차지하고 있다.

пользоваться(+чем) 표현

пользоваться는 '교통수단' 등의 구상명사와 결합하여 '–를 이용하다'를 표현하고, '인기, 신뢰' 등의 추상 명사와도 결합하여 '–를 누리다'를 표현한다.

Каким видом транспорта вы пользуетесь от дома до работы?

집에서 직장까지 어떤 교동 수단을 이용하십니까?

Я пользуюсь автобусом.

버스를 이용합니다.

пользоваться популярностью 인기를 누리다
пользоваться доверием 신뢰를 얻다
пользоваться льготами 특혜를 누리다
пользоваться признанием 인정을 받다
пользоваться славами 명성을 누리다

5단계 | 러시아어로 말하기

Диалог 1

Лена : Извините, вы не подскажете, как мне доехать до ближайшей станции метро?

Прохожий : На любом автобусе три остановки до "Парка культуры".

Лена : А мне надо попасть на "Маяковскую".

Прохожий : На "Маяковскую". Тогда вам надо ехать в противоположную сторону. Видите остановку на той стороне? Но это намного дальше.

Лена : Где мне нужно сойти?

Прохожий : Сойдите через три остановки, и сделайте пересадку.

Лена : Спасибо.

Прохожий : Пожалуйста.

Диалог 2

Мария : Что-то я немного устала.
　　　　Наверное, мы обошли пол-Москвы.
　　　　Давай на чём-нибудь поедем.

Лев : Извини, я тебя совсем замучил.
　　　Возьмём такси?

Мария : Лучше поедем на трамвае или автобусе.
　　　　Я предпочитаю пользоваться городским транспортом.

Лев : Ну. что ж. Перейдём на ту сторону и сядем на автобус.

Мария : А какой номер?

Лев : Десятый.

Мария : Ты уверен, что именно десятый автобус идёт до МГУ?

Лев : Конечно. Это мой постоянный маршрут. Вот и автобус.

Диалог 3 : Как ты ездишь на работу?

Игорь : Далеко ли от твоего дома до работы?

Катя : Далеко.

Игорь : Сколько времени занимает у тебя дорога от дома до работы?

Катя : Часа полтора.

Игорь : В котором часу ты выходишь из дома?

Катя : В семь часов.

Игорь : Как ты ездишь на работу?
Есть ли прямое сообщение от твоего дома до работы?

Катя : Нет, прямого сообщения нет.
Мне нужно пользоваться двумя видами транспорта.
Сначала я еду на автобусе, потом на метро.
Так как около дома нет метро станции, мне неудобно.

Диалог 4 : На Петербургском вокзале

Зоя : У вас есть билеты в Петербург на сегодня?

Кассир : Какой поезд вас интересует?

	У меня осталось несколько билетов на три часа дня и двенадцать часов ночи.
Зоя	: Пожалуй, я возьму билеты на ночной поезд. Когда он прибывает в Петербург?
Кассир	: В шесть утра.
Зоя	: Это то, что мне нужно. Дайте, пожалуйста, два билета в купейный вагон.
Кассир	: Пожалуйста.

Диалог 5 : В поезде " Красная стрела"

Проводник	: Сейчас отправляемся. Минут через двадцать будем пить чай. Если хотите, можете пойти в вагон-ресторан.
Зоя	: Где он находится : впереди или сзади?
Проводник	: Следующий вагон по ходу поезда.
Зоя	: А что означают эти кнопки?
Проводник	: Здесь включение радио, света. А эта кнопка для вызова проводника. Сейчас я принесу бельё, а потом чай. Разрешите ваши билеты.

Диалог 6 : О проблемах городского транспорта

Людмила	: Современный человек ездит очень много. Чтобы добраться до работы, нужно проехать в

	большом городе километры и километры.
Алексей	: В связи с этим возникает много проблем. Житель крупного города ежедневно около двух часов свободного времени проводит в автобусе или метро.
Людмила	: Как сократить время, затрачиваемое на дорогу?
Алексей	: Óчень трудно решить эту проблему. По-моему, нужно увеличить строительство метрополитенов и сделать дорогу как можно удобнее.
Людмила	: Проблемой номер один ещё остаются "часы-пик".
	: Для её решения расширяют улицы. Чтобы выделить для автобусов специальные полосы.

6단계 | 러시아어 연습마당

I. 다음 질문에 러시아어로 답하시오.

1. Кто был автором первого проекта московского метро?
2. Когда празднуют день рождения метро в России?
3. Когда в Москве начало работать метро?
4. Какая станция была открыта позже других?
5. Сколько лет московскому метро?
6. Сколько раз откладывали начало строительства метро? Почему?

7. Какое место занимает московское метро в мире по числу пассажиров?

Ⅱ. 다음 괄호 안의 단어를 복수 생격으로 바꾸시오.

1. На улицах Москвы большое движение _____ (автобус, троллейбус, автомобиль, трамвай).
2. В Москве много _____ (театр, музей).
3. Я получил несколько _____ (письмо) от _____ (товарищ).
4. Колхозники закончили вспашку _____ (поле).
5. Электричество провели во все дома _____ (колхозник).
6. В году двенадцать _____ (месяц).
7. В сентябре тридцать _____ (день).
8. Двери _____ были открыты (комната, аудитория).
9. На собрании мы обсуждали план _____ (экскурсия).
10. В саду много _____ (груша).
11. В нашем лесу много _____ (берёза, сосна, ель).
12. В саду слышно пение _____ (птица).

Ⅲ. 다음을 러시아어로 옮기시오.

1. 그녀는 열심히 노력하여 꿈을 이루었다.

_____

Урок 2 Метро в Москве

2. 자본과 경험 부족으로 프로젝트를 실행할 수 없었다.

3. 우리는 세계 환경의 날을 기념한다.

4. 한국은 IT 분야에서 전 세계적으로 선두적인 위치를 차지하고 있다.

5. 제 시간에 도착하려면 지하철을 이용해야 한다.

6. 이 영화는 작년에 많은 인기를 누렸다.

7. 집에서 직장까지 어떤 교통수단을 이용하십니까?

8. 과학 기술 발전으로 인류는 복지를 실현할 수 있다.

러시아 속담 한 마디

Век живи - век учись.
평생 배워라

Урок

03

Знаменитые памятники России

러시아의 유명 기념비

1단계 | 함께 러시아 읽기

Знаменитые памятники России

В России обычай ставить памятники людям появился при Петре 1. Памятники воздвигались императорам, героям войн, знаменитым учёным, писателям, композиторам. Памятник является выражением уважения, благодарности людей тем, кто руководил государством, защищал родную страну от врагов, прославлял своими творениями.

Памятники в XVIII-XX веках воздвигались в традициях классического искусства - на высоком постаменте, в торжественной позе. Императорам и полководцам придавался облик героя, обычно их изображали верхом на конях.

В России есть знаменитые памятники, которые знают все, даже малые дети.

Один из самых старых памятников - конная статуя Петра 1 в Петербурге. Он открыт в 1782 году. Этот памятник больше знают под названием «Медный всадник». Так назвал его А. С. Пушкин, автор поэмы «Медный всадник».

Люди, которые приходят на Красную площадь, обязательно останавливаются возле памятника Кузьме Минину и Дмитрию Пожарскому - героям, которые сумели поднять народ на борьбу с захватчиками в трудное для Руси время. Торжественное открытие памятника состоялось в 1818 году.

Любимый всеми москвичами памятник Пушкину, который стоит на Пушкинской площади. Памятник открыт 1880 году. Возле памятника Пушкину часто можно увидеть молодых людей, которые стоят с цветами в руках: здесь место встреч влюблённых.

В Москве, на Манежной площади, возле стен Исторического музея, возвышается памятник маршалу Г.К. Жукову, полководцу Великой Отечественной войны. Он открыт 8 мая 1995 года.

러시아의 유명 기념비

인물의 기념비를 세우는 관습이 뾰뜨르 대제 시기에 러시아에 나타났습니다. 황제, 전쟁 영웅, 저명한 학자, 작가, 작곡가 등을 위해 기념비를 세웠습니다. 기념비는 국가를 통치했거나, 조국을 적의 침입으로부터 수호했거나 창작품으로 명성을 빛냈던 사람들에 대한 존경과 감사의 표현입니다.

18세기-20세기의 기념비는 고전예술의 전통에 따라 높은 단상 위에 장엄한 자세로 세워져 있습니다. 황제와 장군을 영웅의 형상으로 만들었고, 보통 말 위에 타고 있는 모습으로 묘사하였습니다.

가장 오래된 기념비 중 하나는 뻬쩨르부르그에 소재한 뾰뜨르 대제의 기마상이있습니다. 그것은 1782년에 만들어졌습니다. 이 기념비는 '청동기사'라는 명칭으로 더 많이 알려져 있습니다. 이 기념비를 '청동기사' 시를 쓴 뿌쉬낀이 그렇게 불렀습니다.

붉은 광장에 오는 사람들은 루시의 어려운 시기에 침략자들과의 투쟁을 위해 민중을 봉기하였던 영웅인 꾸지메 미닌과 드미뜨리 빠자르스끄 기념비 주변에 멈춰 섭니다. 기념비의 화려한 개막식이 1818년에 열렸습니다.

모스크바인들 모두가 좋아하는 기념비는 뿌쉬낀 광장에 서 있는 뿌쉬낀 동상입니다. 이 기념비는 1880년에 세워졌습니다. 기념비 주변에서 손에 꽃을 든 젊은 사람들의 모습을 자주 볼 수 있습니다. 이곳이 연인들의 만남의 장소입니다.

모스크바의 마네쉬 광장에 역사 박물관 앞에 대조국전쟁의 장군인 쥬꼬프 원수의 동상이 있습니다. 이 기념비는 1995년 5월 8일에 세워졌습니다.

2단계 | 러시아어 단어&숙어 익히기

обычай 풍습
ставить (불완료상) 세우다
памятник(+кому, чему) 기념비, 동상
люди (человек의 복수형) 사람들
появиться(완료상) 나타나다
при(+ком,чём) –때에, –시대에
воздвигаться(불완료상) 세워지다
император 황제
война 전쟁
знаменитый 저명한
учёный 학자
писатель 작가
композитор 작곡가
являться(+чем) –이다
выражение 표현
уважение 존경
благодарность 감사
руководить(+чем)(불완료상) 다스리다
государство 국가
защищать (불완료상) 보호하다
родная страна 고국
прославлять(불완료상) 명성을 떨치다
творение 창작
век 세기
традиция 전통
классическое искусство 고전예술
постамент 받침대
в торжественной позе 장엄한 자세로

полководец 사령관, 장군
придаваться (불완료상) 부여되다
облик 모습
изображать (불완료상) 묘사하다
верхом на конях. 말을 타고
дети(ребёнок의 복수형) 아이들
конный 말의
статуя 조각상
под названием –의 명칭으로
медный всадник 청동기사
назвать (완료상) –라고 부르다
автор 저자
поэма 시
приходить (불완료상) 오다
обязательно 의무적으로, 반드시
останавливаться (불완료상) 멈추다
возле(+чего) –곁에
суметь(완료상) (+инф.) –할 수 있다
поднять народ 민중을 일으켜 세우다
борьба 투쟁
захватчик 침략자
состояться(불완료상) 개최되다
любимый 사랑하는
увидеть(완료상) 보다
цветы(보통 복수로 사용될 때) 꽃
в руках 손에
встреча 만남
влюблённый 사랑에 빠진 사람
возвышаться(불완료상) 솟아 있다
маршал 원수

3단계 | 러시아어 문법 배우기

명사 복수 여격

명사의 복수 여격은 남성, 여성, 중성 명사 구분 없이 경변화일 때 어미 -ам을 갖고, 연변화일 때 어미 -ям을 갖는다.

성	변화 형태	복수 주격	복수여격	복수 여격 어미
남성명사 студент завод	경변화	студенты заводы	студентам заводам	-ам
여성명사 студентка газета		студентки газеты	студенткам газетам	
중성 명사 окно письмо		окна письма	окнам письмам	
남성명사 герой музей	연변화	герои музеи	героям музеям	-ям
여성명사 деревня фамилия		деревни фамилии	деревням фамилиям	
중성 명사 поле здание		поля здания	полям зданиям	

형용사 복수 여격

형용사 복수 여격은 남성, 여성, 중성 구분 없이 경변화일 경우에는 -ым 어미를, 연변화일 경우 -им 어미를 갖는다.

형용사 복수 주격	변화 형태	형용사 복수 여격	어미
новые студенты новвы студентки новые здания	경변화	студентам новым студенткам зданиям	-ым
последние музеи последние страницы последние места	연변화	последним музеям страницам местам	-им

예

Нам нужно обратиться к новым зданиям.
우리는 새로운 건물에 주의를 기울여야 한다.

Сын приехал к старым родителям на каникулы.
아들은 방학에 연로한 부모님께 갔다.

Мальчик отлично учился благодаря хорошим способностям.
소년은 좋은 재능 덕분에 공부를 아주 잘 했다.

예

Студентам нужно готовиться к экзамену.
대학생들은 시험을 준비해야 한다.

Детям весело.
아이들은 즐겁다.

Она была благодарна подругам за помощь.
그녀는 친구들의 도움에 고마워 했다.

Урожай был прекрасный благодаря весенним дождям.
봄비 덕분에 수확이 좋았다.

Памятники воздвигались императорам, героям войн, знаменитым учёным, писателям, композиторам.
황제, 전쟁 영웅, 저명한 학자, 작가, 작곡가 등을 위해 기념비를 세웠다.

4단계 | 러시아어 표현 따라잡기

кто/что + является + кем/ чем

'–는 –이다'를 표현할 때, Кто/что + является + кем/ чем를 사용한다.

예 Чайковский является величайшим русским композитором.
차이꼽스끼는 러시아의 가장 위대한 작곡가이다.
Московский государственный университет является старейшим высоким учебным заведением России.
모스크바 대학은 러시아의 가장 오래된 고등교육기관이다.
Хлеб является обязательной частью русского обеда.
빵은 러시아 식사에서 필수적인 양식이다.

✈ защищать + что + от чего –를 –로부터 보호하다

예 Они постарались защищать родную страну от врагов.
그들은 조국을 적의 침입으로부터 수호하였다.
Как защитить дом от ветра и влаги?
어떻게 집을 바람과 습기로부터 보호해야 할까?
Какой цветок защищает от компьютерного излучения?
어떤 꽃이 컴퓨터 전자파를 막아줄까?

✈ назвать + кого/ что + кем /чем

'–를 –라고 부르다'라는 표현을 할 때, 'назвать + кого/ что + кем /чем' 표현을 사용한다.

예 Человека, занимающегося бизнесом, называют бинесменом.
사업을 하는 사람을 사업가라고 부른다.
Главный город государства, где находится правительство, называют столицей.
정부가 소재한 국가의 주요 도시를 수도라고 부른다.
Город с населением более 10 миллионов человек называют мегаполисом.
인구가 1000만 명 이상의 도시를 메가폴리스라고 부른다.

✈ с + 조격

'–가 함유된', '–가 들어 있는', '–를 갖고 있는' 등의 표현을 할 때, с + 조격 표현을 사용한다.

예 суп с мясом 고깃국
мальчик с зонтиком 우산을 든 소년
девочка с длинными волосами. 긴 머리 소녀
женщина с синими глазами 파란 눈의 여성
Люди стоят с цветами в руках. 사람들은 손에 꽃을 들고 서있다.

Урок 3 Знаменитые памятники России

5단계 | 러시아어로 말하기

Диалог 1: Экскурсия по центру Москвы

Анатолий : Мы на Красной площади.

Зина : Почему эта площадь называется "Красной"?
Площадь не красного цвета.

Анатолий : Раньше прилагательное " красный" имело значение "красивый" То есть, Красная площадь значит красивую площадь.
Красная площадь - центральная и самая известная площадь Москвы.
На ней находится храм Василия Блаженного, самый красивый собор столицы.

Зина : Что это за здание напротив Кремля?

Анатолий : Это ГУМ - Государственнй универсальный магазин.

Диалог 2: На экскурсии в Ясной Поляне

Борис : Я слышал, ты была на экскурсии в Ясной Поляне?

Лиза : Да, я ездила в воскресенье в Ясную Поляну, в Музей-усадьбу Льва Николаевича Толстого.

Борис : Ну, как съездила?

Лиза : Хорошо, видела дом, где жил Толстой.
Музей мне очень понравился.
Я получила большое удовольствие, хотя немного устала.

Борис : Неудивительно, это довольно далеко от Москвы.

Лиза : Туда ехать от Москвы на автобусе 4 часа. Это, конечно, утомительно, зато всё было очень интересно.
Я очень довольна экскурсией.

6단계 | 러시아어 연습마당

I. 다음 질문에 러시아어로 답하시오.

1. Кому и где поставлены эти памятники?
2. Когда их поставили?
3. Знаете ли вы что-либо об этих людях?
4. Кто они? Чем они прославились?
5. Как вы считаете эти памятники традиционные или нет? Почему вы так думаете?

II. 다음 괄호 안에 단어를 알맞은 형태로 바꾸시오.

1. (Делегаты) нужно зарегистрироваться до начала конференции.
2. (Студенты) нашей группы захотелось отправиться на лыжную прогулку.
3. Сюда нельзя входить (всесторонние).
4. В парке культуры (мы) было интересно.
5. Сегодня нет дождя, (дети) можно идти гулять.
6. (Ласточки) холодно зимой в наших краях, они улетают на юг.
7. (Народы) нужен мир, (народы) не нужна война.

8. Докладчик приводил примеры, понятные и интересные (все слушатели).

9. Мы долго гуляли по (улицы и площади) Москвы.

10. Я написала письма (подруги).

Ⅲ. 다음을 러시아어로 옮기시오.

1. 러시아에서 유명한 기념비 중 하나는 뿌쉬낀 동상이다.

2. 모스크바 국립대학은 러시아에서 가장 오래된 고등교육기관이다.

3. 인구 1000만 명 이상의 도시를 메가폴리스라고 부른다.

4. 이 박물관은 19세기에 세워졌다.

5. 나는 오늘 아침 아름다운 긴 머리 여자를 보았다.

6. 정부는 국민의 권리를 보호해야 한다.

러시아 속담 한 마디

В чужих руках ломоть велик.
남의 떡이 커보인다.

Урок

04

Немного об истории России

러시아 역사에 대해

1단계 | 함께 러시아 읽기

Немного об истории России

Больше тысяч лет назад на большой территории Центральной и Восточной Европы жили племена восточных славян. Восточные славяне - общие предки русского, украинского и белорусского народов. Они жили на одном месте и занимались земледелением и скотоводством. Жизнь этих людей была простой: каждый день они много работали, но когда происходили праздники, они очень любили веселиться, пели, плясали, играли, пили вино.

В IX веке у восточных славян появилось государство - Киевская Русь. Есть легенда о том, как славянский князь Кий и два его брата построили город на высоком берегу реки Днепр. Этот город стал центорм Руси. Киевская Русь была сильным государством. Много веков она должна была вести борьбу с врагами, которые приходили и с юга и с северо-запада. Сложные отношения были у Киевской Руси и с Византинской империей.

Восточные славяне были язычниками. Это значит, что у них был не один бог, а много богов: Бог солнца, Бог ветра, и другие. В X веке киевские князья познакомились в Византии с христианской религией. Легенда говорит об этом следующее. Киевский князь Владимир решил принять религию, где будет только один бог. Он начал решать, какую религию выбрать. Своих посланцев прислали к нему и христиане, и мусульмане, и иудеи. Владимир отказался от ислама по трём причинам: ему не понравился обряд обрезвния, не понравилось, что нельзя есть свинину; но самое главное - ему не понравилось, что нельзя пить вино. Он сказал, что славяне привыкли веселиться с вином и без этого жить не могут. Больше всего понравилась Владимиру христианская религия. В 988 году Россия приняла христианство. Сначала новую религию прияли князья, а позднее и народ. Язычество долго продолжало жить на Руси парралельно с христианством, даже сейчас во многих традициях и обычаях мы можем найти элементы язычества.

러시아 역사에 대해

수 천년 전에 중앙 유럽과 동 유럽의 대 영토에 동 슬라브인이 살았다. 동 슬라브인은 러시아 민족, 우크라이나 민족과 백 러시아 민족의 공통의 조상이다. 그들은 한 곳에 살았고 농사와 축산업에 종사했다. 그들의 삶은 단순했다. 그들은 매일 일을 많이 했지만, 축제가 벌어졌을 때는 즐기고, 노래하고, 춤추고, 놀고, 술을 마셨다.

9세기에 동 슬라브인에게 끼예프 루시라는 나라가 생겼다. 끼 공후와 그의 두 형제가 드네쁘르 강가에 도시를 세웠다는 전설이 있다. 이 도시가 루시의 중심지가 되었다. 끼예프 루시는 강한 국가였다. 수 세기 동안 끼예프 루시는 남쪽과 북서쪽에서 침공하는 적들과 투쟁을 해야만 했다. 끼예프 루시는 그 당시 중심지가 콘스탄티노플, 현대의 이스탄블에 위치했던 비잔틴 제국과도 복잡한 관계를 갖고 있었다.

동슬라브인은 이교도였다. 이것은 그들에게 하나의 신이 존재하지 않고, 태양신, 바람신 등 다른 많은 신들이 존재했음을 의미한다. 10세기 끼예프 공후들은 비잔틴에서 기독교를 접하게 된다. 이에 대한 다음과 같은 전설이 있다. 끼예프 블라지미르 공후는 유일신을 믿는 종교를 수용하기로 결정하였다. 그는 어떤 종교를 선택할 것인가를 고민하기 시작하였다. 기독교인들도, 회교도들도, 유대교도들도 그에게 사절을 보냈다. 블라지미르 공후는 회교를 세 가지 이유로 거부하였다. 그는 할례의식이 마음에 들지 않았고, 돼지고기 먹는 것을 금하는 것도 마음에 들지 않았다. 가장 중요한 이유는 술을 마시는 것을 금지한 것이 마음에 들지 않았기 때문이다. 그는 자고로 슬라브인들은 술을 즐기는 것에 익숙하고, 술 없이는 살 수 없다라고 말하였다. 블라지미르 공후는 기독교가 가장 마음에 들었다. 988년 러시아는 기독교를 수용하였다. 새로운 종교를 먼저 공후들이 받아들이고, 후에 민중이 받아들이기 시작하였다. 이교도는 오랫동안 루시에 기독교와 병행하여 공존하였다. 심지어 오늘날도 많은 전통과 풍습 속에 이교도적인 요소를 발견할 수 있다.

2단계 | 러시아어 단어&숙어 익히기

территория 영토

племена (племя의 복수 주격) 종족

славяне (славянин의 복수 주격) 슬라브인

общий 공통의

предок 선조

народ 민족

заниматься(+чем) -에 종사하다

земледеление 농사

скотоводство 축산

каждый день 매일

происходить(불완료상) 발생하다

праздник 축제

веселиться(불완료상) 즐기다

плясать(불완료상) 춤추다

государство 국가

легенда 전설

князь 공후

на берегу реки 강가에
вести борьбу с (кем, чем) –와 투쟁하다
враг 적
сложный 복잡한
отношения(복수로 사용될 경우) 관계
империя 제국
язычник 이교도
значить(불완료상) 의미하다
бог 신
христианская религия 기독교
следующий 다음의
решать / решить 결정하다. 해결하다
принять(완료상) 채택하다
выбрать(완료상) 선택하다
посланец 사절
прислать к(+кому) –에게 보내다
христиане(христианин의 복수) 기독교인
мусульмане(мусульманин의 복수) 회교도인
иудея 유대교인
отказаться от(+чего, кого) –를 거절하다
ислам 회교
по причине(+чего) –의 원인으로
обряд обрезания 할례의식
нельзя(+불완료상) –를 금지하다
свинина 돼지고기
привыкнуть(+чему) (완료상) –에 익숙해지다
христианство 기독교
язычество 이교
парраллельно с(+чем) –와 병행하여
элемент 요소

Урок 4 Немного об истории России

3단계 | 러시아어 문법 배우기

명사 복수 대격

단수 대격에서와 같이 활동체 명사일 경우 복수대격은 복수생격을, 비활동체 명사일 경우 복수주격을 사용한다.

예 비활동체 명사일 경우 : 복수 주격 사용

Я прочитал доклады.
나는 보고서를 다 읽었다.

Почтальон принёс журналы.
우체부는 잡지를 배달해 주었다.

Она любит читать книги.
그녀는 독서를 좋아한다.

Мне нужно сделать домашние задания.
나는 숙제를 다 해야 한다.

Даже сейчас во многих традициях и обычаях мы можем найти элементы язычества.
오늘날도 많은 전통과 풍습 속에서 이교도적 요소를 찾아볼 수 있다.

예 활동체 명사일 경우 : 복수 생격 사용

Вчера Саша встречал своих друзей.
어제 사샤는 친구들을 만났다.

Он любит энергичных женщин.
그는 에너지 넘치는 여성을 좋아한다.

Брат учит своих младших сестёр кататься на лыжах.
오빠는 여동생들에게 스키 타는 법을 가르쳐준다.

Мать зовёт дочерей.
엄마는 딸들을 부른다.

Своих посланцев прислали к нему и христиане, и мусульмане, и иудеи.
기도교인들도, 회교도인들도, 유대교인들도 사신을 그에게 보냈다.

-ин 접미사를 갖는 남성 명사의 복수 변화

-ин 접미사를 갖는 남성 명사의 복수 변화

славянин(슬라브인), хрестианин(기독교인), мусульманин(회교도인), гражданин(시민)과 같은 -ин 접미사를 갖는 남성 명사는 복수 변화시 접미사 -ин이 생략된다. 복수 주격 어미는 -е를 갖는다. 복수 생격 어미는 zero 어미를 갖는다.

славянин 격변화

격/ 수	단수	복수
주격	славянин	славяне
여격	славянину	славянам
생격	славянина	славян
대격	славянина	славян
조격	славянином	славянами
전치격	славянине	славянах

гражданин 격변화

격/ 수	단수	복수
주격	гражданин	граждане
여격	гражданину	гражданам
생격	гражданина	граждан
대격	гражданина	граждан
조격	гражданином	гражданами
전치격	гражданине	гражданах

형용사 복수 주격

피수식 명사가 활동체 명사일 경우 복수대격은 복수생격을 사용하므로 형용사도 복수생격을 사용하여 피수식 명사에 일치시키다. 비활동체 명사일 경우복수대격은 복수주격을 사용하므로 형용사도 복수주격을 사용하여 피수식 명사에 일치시킨다.

예 활동체 명사를 수식하는 형용사 복수 대격

Вчера Саша встречал новых друзей.
어제 사샤는 새로운 친구들을 만났다.

Он любит энергичных женщин.
그는 에너지 넘치는 여성을 좋아한다.

Мать зовёт маленьких дочерей.
엄마는 어린 딸들을 부른다.

예 비활동체 명사를 수식하는 형용사 복수대격

Я прочитал интересные доклады.
나는 흥미로운 보고서를 다 읽었다.

Почтальон принёс новые журналы.
우체부는 새로운 잡지를 배달해 주었다.

Она любит читать старые книги.
그녀는 옛날 책 읽는 것을 좋아한다.

начать, кончить. продолжать+불완료상 동사 원형 사용

начать(시작하다), кончить(끝내다). продолжать(계속하다) 등의 동사는 불완료상 동사 원형과 결합한다.

예 Мы начали работать.
우리는 일하기 시작하였다.

Мы кончили смотреть фильм.
우리는 영화 보는 것을 마쳤다.

Мы продолжаем осуществлять проект.
우리는 계속 사업을 수행하고 있다.

привыкать-привыкнуть(-에 익숙해지다), отвыкать-отвыкнуть(-하는 습관이 없어지다), учиться-научиться(-하는 것을 배우다) + 불완료상 동사 원형 사용

привыкать-привыкнуть(-에 익숙해지다), отвыкать-отвыкнуть(-하는 습관이 없어지다), учиться-научиться(-하는 것을 배우다) 등의 동사도 불완료상 동사 원형과 결합한다.

예 Я постепенно привыкаю рано ложиться и рано вставать.
나는 점차 일찍 자고 일어나는 것에 익숙해지고 있다.

Я совсем отвык говорить по-английски.
나는 영어로 말하는 것을 완전히 잊어 버렸다.

У кого она научилась так хорошо шить платья?
그녀는 누구에게서 바느질을 잘 배웠지?

нельзя의 사용법

1. '-를 금지하다 (запрещается)'라는 의미를 표현할 때, нельзя 다음에 불완료상 동사를 사용한다.

    Здесь нельзя курить.
    이곳은 금연이다.

    Нельзя есть свинину.
    돼지고기 먹는 것이 금지이다.

    Нельзя входить в комнату в пальто и в шапке.
    외투와 모자를 착용하고 방에 들어가서는 안된다.

2. '-가 불가능하다(невозможно)'라는 의미를 표현할 때, нельзя 다음에 완료상 동사를 사용한다.

    В комнату нельзя войти, потому что унас нет ключа.
    열쇠가 없기 때문에, 방에 들어갈 수 없다.

    Это письмо нельзя прочитать: оно написано на незнакомом языке.
    이 편지는 알 수 없는 언어로 쓰여있기 때문에 읽을 수 없다.

4단계 | 러시아어 표현 따라잡기

- заниматься + чем –에 종사하다, –를 담당하다
  Восточные славяне занимались земледелием и скотоводством.
  동슬라브인들은 농업과 축산업에 종사했다.
  Эта компания занимается производством мебели.
  이 회사는 가구를 생산한다.
  Наше министерство занимается решением целого ряда социальных вопросов.
  우리 부처는 전반적인 사회문제 해결을 담당한다.

- вести борьбу с кем /чем –와 투쟁하다
  Много веков Киевская Русь должна была вести борьбу с врагами.
  수세기 동안 끼예프 루시는 적과 싸워야만 했다.
  Правительству нужно вести борьбу с преступностью.
  정부는 범죄와의 투쟁을 벌여야 한다.
  Владимир Путин призвал вести борьбу с коррупцией в социальной сфере.
  블라지미르 뿌찐 대통령은 사회분야의 부패 척결을 위한 투쟁을 벌일 것을 호소하였다.

- познакомиться с кем /чем –와 알게 되다. –를 접하다
  В X веке киевские князья познакомились в Византии с христианской религией.
  10세기에 끼예프 공후들은 비잔틴에서 기독교를 접할 수 있었다.
  У нас был шанс познакомиться с русской культурой.
  우리는 러시아 문화를 접할 기회가 있었다.
  Разрешите познакомиться с вами.
  인사 드리겠습니다.
  На научной конференции я познакомилась с учёными из зарубежных стран.
  학술대회에서 나는 해외학자들을 알게 되었다.

- отказаться от чего –를 거부하다, –를 거절하다
    - 예) отказаться от предложения 제안을 거절하다
        отказаться от уплаты 납부를 거절하다
        отказаться от наследства 유산 상속을 거부하다
        отказаться от своих прав 자신의 권리를 포기하다

    - 예) Северная Корея не хочет отказаться от ядерной программы.
        북한은 핵 프로그램을 포기하고 싶어하지 않는다.
        Владимир отказался от ислама по трём причинам.
        블라지미르 공후는 세 가지 이유에서 회교도를 거부하였다.
        Как отказаться от предложения о работе?
        어떻게 일자리 제안을 거절할까요?
        Он отказался от участия в президентских выборах.
        그는 대통령 선거 참여를 거부했다.

- принять 관련 표현
    принимать /принять는 빈도수가 높은 동사로 다음의 표현을 익혀두면 요긴하게 사용할 수 있다.
    - 예) принять делегацию 대표단을 맞이하다
        принять больных 환자를 진찰하다
        принять резолюцию 결정을 채택하다
        принять решение 결정안을 채택하다
        принять участие+ в чём –에 참여하다
        принять меры 조치를 취하다
        принять христианство 기독교를 수용하다
        принять лекарство 약을 복용하다
        принять ванну 목욕하다
        принять во внимание 고려하다

    - 예) В 988 году Россия приняла христианство.
        988년 러시아는 기독교를 채택했다.

Правительство приняло новый закон о Электронной коммерции.
정부는 새로운 전자상거래 법을 채택했다.
Национальная ассамблея приняла решение о военной реформе.
국회는 군사개혁에 관한 결정을 채택했다.
Министерство экономического развития РФ приняло меры по стабилизации потребительских цен.
러시아 연방 경제발전부는 소비자가격 안정화에 대한 조치를 취했다.

5단계 | 러시아어로 말하기

Диалог

Света : Как здорово! Смотрите, на этой скамейке есть ещё свободные места.

Гид : Дорогие гости! Друзья нашего города! Сейчас вы находитесь на Большой Неве в центреисторического Петербурга. Вы, наверное, знаете, что наш Петербург – это северная Венция. Санкт-Петербург – это большие и маленькие острова, реки и каналы.

Света : Какие здесь красивые мосты, дома и памятники!

Гид : справа вы видите знаменитый Зимний дворец и Эрмитаж. Там есть прекрасные картины и иконы, которые собирал уже великий царь Пётр I. Кто из вас ещё там не был, обязательно посмотрите их. Напротив Эрмитажа находится Петропавловская крепость со своим высоким собором.

Света : Ой! Что это? Кто стреляет?

Гид : Не волнуйтесь! Сейчас двенадцать часов, и каждый день в двенадцать часов стреляет старая пушка на крепостном острове.

Теперь, тоже слева, вы видите маленький домик.

Это домик Петра I.

Как вы, наверное, знаете, Пётр I был очень высоким человеком.

Он даже не мог стоять в этом низком домике!

Света : Это интересно!

6단계 | 러시아어 연습마당

Ⅰ. 다음 질문에 러시아어로 답하시오.

1. Где жили восточные славяне?
2. Чем занимались славяне?
3. Как называлось первое славянское государство?
4. Что такое язычество?
5. Почему Владимир отказался от ислама?

Ⅱ. 다음 괄호 안의 단어를 알맞은 형태로 바꾸시오.

1. Ректор поздравил (студенты-дипломники) с окончанием университета.
2. Он поблагодарил (друзья) за помощь.
3. Мы ждём (рабочие).
4. На нужно голосовать за (честные политики).
5. Рабочая группа анализировала (материалы).
6. В городе строят (новые дома).
7. Принято решение отремонтировать (старые здания).
8. Правительство должно поддерживать (предприниматели).
9. Добро пожаловать (гости) из Центральной Азии.
10. Нам нужно поставить (новые задачи) для экономического роста.

Ⅲ. 다음을 러시아어로 옮기시오.

1. 이 기업은 자동차 생산업체이다.

2. 어떤 종교를 선택하느냐는 매우 중요한 문제이다.

3. 국회는 새로운 환경보호법을 채택하였다

4. 한국인들은 예로부터 농업에 종사해왔다.

5. 우리는 테러리즘과의 투쟁을 적극적으로 벌여야 한다.

6. 그는 한국문화와 역사를 접할 기회가 있었다.

7. 건강을 위해 금주 금연해야 합니다.

8. 끼예프 루시는 기독교를 채택했다.

9. 블라지미르 공후는 세가지 이유에서 회교도를 거부하였다.

10. 정부는 경제위기 극복을 위한 조치를 취해야 한다.

러시아 속담 한 마디

Не отведав горького, не едать сладкого.
고진감래

Урок

05

О Москвичах

모스크바 사람들에 대해

1단계 | 함께 러시아 읽기

О Москвичах

Каждый город гордится своими знаменитыми гражданами - учёными и героями войны, космонавтами и артистами. Их именами называют улицы и площади, школы и библиотеки, им ставят памятники.

Москва помнит своих сыновей и дочерей, которые прославили её. Каждый день мы повторяем их имена, мы говорим: университет имени Ломоносова, проспект Гагарина, станция метро Третьковская, улица Королёва. Они продолжают жить рядом с ними - необычные, особенные, талантливые люди.

Свою искреннюю любовь москвичи дарят писателям, поэтам, которые жили в Москве и создавали здесь свои произведения, - Александру Пушкину и Антону Чехову, Марине Цветаеве, Сергею Есенину и Булату Окуджаве.

А кто он - Булат Окуджава? Он - поэт, композитор, исполнитель своих песен, или, если сказать коротко - бард. Его негромкий голос невозможно перепутать с другими. Поэт-романтик. Окуджава пел о любви, о друзьях, об Арбате, о войне, в которой он участвовал. Если будете на Арбате, подойдите к его памятнику. А лучше послушайте его песни.

모스크바 사람들에 대해

각 도시는 학자, 전쟁 영웅과 예술가 등 그 도시가 배출한 명사들에 자부심을 갖고 있다. 거리, 광장, 학교와 도서관의 명칭을 그들의 이름을 따서 부르고 그들의 기념비를 세운다.

모스크바는 도시를 빛낸 자신의 자녀들을 기억한다. 매일 우리는 그들의 이름을 반복하고 로마노소프 명칭의 대학, 가가린 대로, 뜨레찌야꼬프 역, 까랄료프 거리 등을 말한다. 비범하고, 특별하고, 재능 있는 그들은 우리 곁에 계속해서 머물 것이다.

모스크바 사람들은 모스크바에 살았고 이곳에서 작품을 창작하였던 작가, 시인들에게 - 알렉산드르 뿌쉬낀, 안똔 체홉, 마리나 쯔베따예바, 세르게이 에세닌과 불라뜨 아꾸좌바에게 진정한 사랑을 선사한다.

그런데 불라뜨 아꾸좌바는 누구인가? 그는 시인이자 작곡가이며 자작곡을 노래한 사람이다. 간단하게 말하면 음유시인이다. 그의 나지막한 목소리는 다른 이들의 목소리와 결코 혼돈할 수 없다. 낭만주의 시인이다. 그는 사랑을 노래했고, 친구, 아르바뜨 거리, 그리고 그가 참전했던 전쟁에 대해 노래했다. 아르바뜨 거리에 가면 그의 기념비에 가봐라. 아니, 그의 노래를 듣는 것이 가장 좋을 것이다.

Урок 5 О Москвичах

2단계 | 러시아어 단어&숙어 익히기

гордиться (+кем/ чем) -에 자부심을 갖다
знаменитый 유명한
гражданин 시민 (복수주격) граждане
учёный 학자
герой 영웅
космонавт 우주인
артист 예술가
имена имя(이름)의 복수주격
называть (불완료상) 부르다
ставить (불완료상) 세우다
памятник 기념비
прославить (славить의 완료상) 찬양하다
повторять (불완료상) 반복하다
проспект 대로
продолжать (불완료상) 계속하다
рядом с -옆에
талантливый 재능있는
искренний 진정한
москвич / москвичка 모스크바인
дарить (불완료상) 선물하다
создавать (불완료상) 만들다
произведение 작품
композитор 작곡가
исполнитель 연주자
бард 음유시인
негромкий 크지않은
голос 목소리
перепутать с чем 혼돈하다

поэт-романтик 낭만주의 시인
участвовать в чём 참여하다
подойти (완료상) 다가가다

3단계 | 러시아어 문법 배우기

명사 복수 조격

명사의 복수 조격은 남성, 여성, 중성 명사 구분 없이 경변화일 때 어미 -ами를 갖고, 연변화일 때 어미 -ями를 갖는다.

성	변화 형태	복수 주격	복수조격	복수 조격 어미
남성명사 студент завод	경변화	студенты заводы	студентами заводами	-ами
여성명사 студентка газета		студентки газеты	студентками газетами	
중성 명사 окно письмо		окна письма	окнами письмами	
남성명사 герой музей	연변화	герои музеи	героями музеями	-ями
여성명사 деревня фамилия		деревни фамилии	деревнями фамилиями	
중성 명사 поле здание		поля здания	полями зданиями	

형용사 복수 조격

형용사 복수 조격은 남성, 여성, 중성 명사 구분 없이 경변화일 경우에는 -ыми 어미를, 연변화일 경우 -ими 어미를 갖는다.

형용사 복수 주격	변화 형태	형용사 복수 조격	어미
новые студенты новые студентки новые здания	경변화	студентами новыми студентками зданиями	-ыми
последние музеи последние страницы последние места	연변화	последними музеями страницами местами	-ими

Каждый город гордится своими знаменитыми гражданами - учёными и героями войны, космонавтами и артистами.
모든 도시는 그 도시가 배출한 유명한 시민들 – 학자, 전쟁영웅, 우주인과 예술가를 자랑스러워 한다.

Их именами называют улицы и площади, школы и библиотеки.
거리, 광장, 학교와 도서관을 그들의 이름을 따라 부른다.

Учитель гордится своими учениками.
교사는 자기 제자들을 자랑스러워한다.

Мы занимаемся русским языком вечерами
우리는 저녁마다 러시아어를 공부한다..

Нша экономика развивается быстрыми темпами.
우리 경제는 빠른 속도로 발전하고 있다.

Урок 5 О Москвичах

Кто-то быстрыми шагами вошёл в комнату.
누군가가 빠른 걸음으로 방으로 들어갔다.

Он интересуется инностранными языками.
그는 외국어에 관심이 있다.

Этот новый сотрудник обладает высокими знаниями.
이 신입직원은 높은 지식의 소유자이다.

Одной из серьёзных проблем является усиление разрыва между богатыми и бедными странами в мировой экономике.
세계경제에서 빈국과 부국의 격차심화는 심각한 문제이다.

4단계 | 러시아어 표현 따라잡기

- **называть +что/кого + чем/кем (как что/кто)** –를 –로 부른다

  Их именами называют улицы и площади, школы и библиотеки.
  거리, 광장, 학교, 도서관 명칭을 그들의 이름을 따라 부른다.

  Мы его называем идеалистом.
  우리는 그를 이상주의자라고 부른다.

  За границей этот салат иногда называют русским салатом.
  해외에선 이 샐러드를 러시아 샐러드라고 부른다.

- **перепутать + что/ кого + с чем /кем** –를 –와 혼돈하다

  Он перепутал поэзию с прозой.
  그는 시와 산문을 혼돈한다.

  С кем вас нельзя перепутать?
  당신을 누구와 혼돈할 수 있겠어요?

  Его негромкий голос невозможно перепутать с другими.
  그의 나지막한 목소리는 다른 이들의 목소리와 결코 혼돈할 수 없다.

- **участвовать в чём** –에 참여하다

  Россия готова активно участвовать в международном сотрудничестве в облсвти ИТ.
  러시아는 정보통신 분야에서 국제협력에 적극적으로 참여하고자 한다.

  Корея будет участвовать в поиске и разработке месторождений углеводородов на шельфах Сахалина.
  한국은 사할린 대륙붕의 석탄 산지 발굴과 개발에 참여할 것이다.

  Булат Окуджава участвовал в войне.
  블라뜨 아꾸좌바는 참전했다.

5단계 | 러시아어로 말하기

Диалог

Лена : Минсу, как ты думаешь, русские похожи на корейцев?
Ты ведь был и в Москве, и на Урале, в Екатеринбурге.
У тебя много русских друзей и знакомых.

Минсу : Мне кажется, да, похожи.
Они тоже открытые, сердечные, щедрые...
А ты как думаешь? Ты ведь хорошо знаешь корейцев?

Лена : По-моему, корейцы немного другие.
Мне кажется, они более трудолюбивые, аккуратные, более дисциплинированные.

Минсу : Особенно ребята из нашего класса, да? (смеётся)

Лена : Нет. (тоже смеётся) Я говорю вообще.
А школьники и у вас, и у нас одинаковые.

Минсу : Ты была в Англии, кажется, да?
Русские похожи на англичан, как по-твоему?

Лена : Совсем нет. Англичане, по-моему, более сдержанные, хотя они и очень общительные, часто ходят в гости, у них много друзей.

Минсу : Как это может быть: человек замкнутый и общительный.

Лена : Ну, вот так. Но, может быть, я ошибаюсь.

6단계 | 러시아어 연습마당

Ⅰ. 다음을 러시아어로 답하시오.

1. Чем гордится каждый город?
2. Скажите, имена каких знаменитых москвичей упоминаются в тексте?
3. Что вы знаете об этих людях?
4. Какие песни Булата Акуджавы вы знаете?
5. Назовите знаменитые имена, связанные с Сеулом.

Ⅱ. 다음 괄호 안의 단어를 알맞은 형태로 바꾸시오.

1. Страны БРИКС обращают большое внимание на расшрение сотрудничества с (развивающиеся страны).
2. Переводчик должен обладать (языковые способности).
3. Он увлекается (классические фильмы).
4. Предприниматели средне-малых предприятий могут пользоваться (налоговые льготы).
5. Под (голубые небеса) лежит снег.
6. Перед (народы) всех стран стоит важная задача - обеспечить мир.
7. Мы жили в комнате с (большие окна).
8. Они боролись с (враги).
9. Я пойду в библиотеку за (книги).
10. Мы должны внимательно наблюдать за (события).

Ⅲ. 다음을 러시아어로 옮기시오.

1. 이 거리 이름은 무엇입니까?

2. 한국은 경제분야의 큰 성공에 자부심을 갖고 있다.

3. 그 도시의 명사들에게 동상을 세워 주었다.

4. 그의 아름다운 목소리는 다른 목소리와 혼돈할 수 없다.

5. 러시아는 환경 분야의 국제협력에 적극적으로 참여하고 있다.

러시아 속담 한 마디

Бедному Кузеньке бедная и песенка.
설상가상 (* 운 없는 귀뚜라미는 울음소리도 처량하다)

Урок

06

Немного о А.С. Пушкине

뿌쉬낀에 대해

1단계 | 함께 러시아 읽기

Немного о А.С. Пушкине

Великий русский поэт Александр Сергеевич Пушкин родился в Москве в 1799 году.

По отцовской линии он был потомком старинного дворянского рода Пушкинных, а его мать была внучкой генерала Ганнибала - эфиопского князя, которого Пётр Первый привёз в Россию мальчиком и воспитал. В чертах лица, характера и темперамента Пушкина мы находим сходство с его знаменитым африканским прадедом.

Первоначальное образование Пушкин получил дома, а в 1811 году родители послали мальчика в только что открывшийся Царскосельский лицей в пригороде Петербурга, где летом жила царская семья. В этом лицее учились и воспитывались дети дворян. У Пушкина было здесь много друзей. Пушкин отличался в лицее веселостью и насмешливостью. На всю жизнь Пушкин сохранил самые светлые воспоминания о годах, проведённых в лицее, о своих друзьях, учителях, о первых поэтических опытах. «Друзья мои, прекрасен союз!» - писал он познее. Писать стихи Пушкин начал с девяти лет, а в тринадцать лет его талант уже был известным.

После лицея Пушкин поселился в Петербург. Пушкин проводил вечера у знаменитого историка Карамзина, встречался с поэтами, философами, участвовал в беседах на самые серьёзные темы и удивлял всех своим умом и начитанностью.

В тот период русское общество находилось под впечатлением победы в войне 1812 года с Наполеоном, оно мечтало о свободе и политических реформах. Выразителем этих настроений стал Пушкин. «Тогда везде ходили по рукам, переписывались и читались наизусть его «Деревня», «Ода на свободу» и другие стихи в том же духе. Не было живого человека, который был не знал его стихов», - писал Пущин, лицейский друг Пушкина. Хотя Пушкину не было ещё 20 лет, он был уже известным на всю Россию поэтом.

뿌쉬낀에 대하여

위대한 러시아 시인 알렉산드르 세르게에비치 뿌쉬낀은 1799년 모스크바에서 태어났다. 그는 아버지 혈통으로 유서 깊은 귀족 가문인 뿌쉬낀 가의 후손이었으며, 그의 어머니는 뾰뜨르 대제가 러시아로 소년시절 데려와 키운 이디오피아의 왕자 한니발 장군의 손녀딸이었다. 우리는 뿌쉬낀의 생김새, 성격, 기질에서 그의 유명한 아프리카 출신의 증조부와의 유사성을 발견하곤 한다.

뿌쉬낀은 집에서 초등교육을 받았고, 1811년에 부모님은 소년을 뻬쩨르부르그 근교에 위치한 황제 가족이 여름이면 거주하는 짜르스꼬에 셀로 ('황제 마을')에 막 개설한 귀족학교로 보냈다. 이 학교에서는 귀족의 자제들이 공부하고 양육되었다. 이곳에서 뿌쉬낀은 친구가 많았다. 그의 명랑한 성격과 유머 감각은 남 달랐다. 평생 뿌쉬낀은 이 곳 학교에서 보낸 시간과, 친구들, 선생님들 그리고 첫 시작 경험에 대해 가장 좋은 기억을 간직하였다. 《나의 친구들, 동맹은 아름다웠다.》 – 후에 그는 이렇게 썼다. 9세 때부터 그는 시를 쓰기 시작했고, 13세 그의 이름은 유명해지기 시작했다.

귀족학교 졸업후 뿌쉬낀은 뻬쩨르부르그에 거처를 정했다. 뿌쉬낀은 주로 저녁 시간을 유명한 역사학자 까람진 집에서 보내면서 시인, 철학자들을 만나고 가장 심각한 주제의 대화에 참여하여 모두를 자신의 지성과 박식함으로 놀라게 하였다.

　　그 시기 러시아 사회는 1812년 나폴레옹 전쟁에서의 승리감에 젖어 있었고 자유와 정치 개혁을 꿈꾸고 있었다. 이러한 분위기의 대변자는 뿌쉬낀이었다. "그 당시 어느 곳에서나 손에 그의 시《시골》,《자유에 대한 송시》와 그런 풍조의 시들을 들고 다녔고, 시를 옮겨 쓰고, 암송하곤 했다, 그의 시를 모르는 사람은 단 한 사람도 없었다." 뿌쉬낀의 귀족학교 동창 뿌쉰은 이렇게 쓰고 있다. 뿌쉬낀의 나이 스무 살도 채 안되었지만, 그는 이미 러시아 전역에 걸쳐 유명한 시인이었다.

2단계 | 러시아어 단어&숙어 익히기

по отцовской линии 아버지 혈통으로
потомок 후손 *о 출몰모음 (생격)потомка
дворянский 귀족의
род 태생
эфиопский 이디오피아의
привезти 데려오다 (привёз, привезла, привезло: привезли)
воспитать 양육하다

черты лица 얼굴 생김새

характер 성격

темперамент 기질

находить сходство с кем/ чем –와 유사점을 발견하다

африканский 아프리카의

прадед 증조부

получить первоначальное образование 초등교육을 받다

послать 보내다

только что 방금

открывшийся 개설된 (открыться의 형동사 과거형)

лицей 귀족학교

пригород 근교

воспитываться 양육되다

дворянин 귀족 (복수생격)дворян.

веселость 명랑함

насмешливость 유머감각

на всю жизнь 평생

сохранить воспоминания о чём/ ком에 대한 기억을 간직하다

проведенный 보낸 ('보내다' провести의 피동형동사 과거형)

поэтический 시의

опыт 경험

союз 동맹

познее 후에

писать стихи 시를 쓰다

талант 재능

поселиться 거처를 정하다

историк 역사학자

философ 철학자

участвовать в чём –에 참여하다

удивлять + кого+ чем –를 –로 놀라게 하다

ум 지성
начитанность 박식함
общество 사회
находиться под впечатлением 소회에 젖다
мечтать о чём / ком –를 꿈꾸다
свобода 자유
политическая реформа 정치개혁
выразитель 표현자
настроение 기분
переписываться 옮겨 적어지다
читаться наизусть 암송되다
в том же духе 같은 풍조의
на всю Россию 러시아 전역에

3단계 | 러시아어 문법 배우기

명사 복수 전치격

명사의 복수 전치격은 남성, 여성, 중성 명사 구분 없이 경변화일 때 어미 -ах를 갖고, 연변화일 때 어미 -ях를 갖는다.

성	변화 형태	복수 주격	복수 전치격	복수 전치격 어미
남성명사 студент завод	경변화	студенты заводы	о студентах о заводах	-ах
여성명사 студентка газета		студентки газеты	о студентках о газетах	
중성 명사 окно письмо		окна письма	об окнах о письмах	
남성명사 герой музей	연변화	герои музеи	о героях о музеях	-ях
여성명사 деревня фамилия		деревни фамилии	о деревнях о фамилиях	
중성 명사 поле здание		поля здания	о полях о зданиях	

Урок 6 Немного о А.С. Пушкине

형용사 복수 전치격

형용사 복수 전치격은 남성, 여성, 중성 구분 없이 경변화일 경우에는 -ых 어미를, 연변화일 경우 -их 어미를 갖는다.

형용사 복수 주격	변화 형태	형용사 복수 전치격	어미
новые студенты новые студентки новые здания	경변화	о новых студентах студентках зданиях	-ых
последние музеи последние страницы последние места	연변화	о последних музеях страницах местах	-их

예 На всю жизнь Пушкин сохранил самые светлые воспоминания о годах, проведённых в лицее, о своих друзьях, учителях, о первых поэтических опытах.
평생 뿌쉬낀은 이 곳 학교에서 보낸 시간과, 친구들과, 선생님들 그리고 첫 시작 활동 경험을 가장 좋은 기억으로 간직하였다.

예 Русское общество мечтало о свободе и политических реформах.
러시아 사회는 자유와 정치개혁을 꿈꾸었다.

예 Сегодня праздник. Все были в новых костюмах.
오늘은 축제다. 모두가 새 옷을 입었다.

예 Мы беспокоимся об экономических проблемах.
우리는 경제문제를 걱정하고 있다.

- 예 Писатель написал повесть о шахтёрах.
  작가는 광부에 대한 소설을 썼다.

- 예 Забота о детях отнимала у матери всё время.
  어머니는 아이들 돌보는데 온 시간을 다 쓴다.

- 예 В наших лесах растут большие грибы.
  우리 숲에는 큰 버섯이 자란다.

- 예 Она говорит на трёх иностранных языках.
  그녀는 3개 국어로 말할 수 있다.

- 예 При всех трудностях Корея добилась замечательных экономических успехов.
  모든 어려움에도 불구하고 한국은 괄목할 만한 경제성장을 이루었다.

- 예 Уже зима. На тротуарах, на мостовых, на крышах, на деревьях - везде лежит снег.
  겨울이다. 인도에도, 차도에도, 지붕 위에도, 나무 위에도 온통 눈이 덮혀 있다.

동사 -ся의 의미에 대해

1) '재귀성'(возвратность)의 의미
   Мать одевает (+ кого) ребёнка.
   엄마는 아기에게 옷을 입힌다.
   Мать одевается (т. е. одевается сама)
   엄마는 옷을 입는다.

   Я мою (+что) ркуи. 나는 손을 씻는다.
   Я моюсь. (т. е. мою себя) 나는 씻는다.

Урок 6 Немного о А.С. Пушкине

2) '상호성'(взаимность)의 의미

Друзья встречались.
친구들은 만났다.
Отец и сын обнялись.
아버지와 아들은 포옹했다.
Мы часто виделись.
우리는 자주 만나곤 한다.

3) '수동성'(страдательность)의 의미

(능동문) Завод выполняет план.
   공장은 계획을 이행 중이다.
(수동문) План выполняется заводом.
   계획은 공장에 의해 이행 중이다.

(능동문) Архитектор создаёт прект.
   건축가는 설계도를 만들고 있다.
(수동문) Проект создаётся архитектором.
   설계도는 건축가에 의해 만들어지고 있다.

4) '자동성'(переходность)의 의미: '재귀성', '상호성', '수동성' 등의 추가적 의미를 갖지 않는 그룹

Мать радуется. 어머니는 기뻐하신다.
Я волнуюсь. 나는 흥분하고 있다.
Все удивляются его успехам.
모두는 그의 성공에 놀라고 있다.
Состояние больного улучшилось.
환자 상태가 호전되었다.
Направление ветра изменилось.
풍향이 바뀌었다.

B+ 대격의 '시간' 의미

Собрание будет в среду.
모임은 수요일에 열린다.
Урок начнётся в 10 часов.
수업은 10시에 시작할 것이다.
В минуту опасности он помог мне.
위험한 순간에 그는 나를 도왔다.
В годы войны он работал на заводе.
전시에 그는 공장에서 일했다.
В первый день каникул мы пошли в театр.
방학 첫 날 우리는 극장에 갔다.
В тринадцать лет его талант уже был известным.
13세에 이미 그의 재능은 알려졌다.

4단계 | 러시아어 표현 따라잡기

> находить сходство 유사성을 발견한다
> В чертах лица, характера и темперамента Пушкина мы находим сходство с его знаменитым африканским прадедом.
> 뿌쉬낀의 생김새, 성격, 기질에서 그의 유명한 아프리카 출신의 증조부와의 유사성을 발견하곤 한다.
> Можно ли найти сходство между корейским и русским народами?
> 한국 민족과 러시아 민족 사이에 유사성을 찾을 수 있습니까?
> Иногда сходство можно найти там, где не ожидаешь.
> 가끔 예상하지 않은 곳에서 유사성을 찾을 수 있다.

Урок 6 Немного о А.С. Пушкине

- **отличаться от кого /чего+ чем** -와 -로 구별되다. 로 뛰어나다
  Пушкин отличался и весёлостью и насмешливостью.
  뿌쉬낀은 명랑한 성격과 유머 감각이 남달랐다.
  Чем отличается Владимир Путин от других политиков?
  블라지미르 뿌찐이 다른 정치가와 다른 점이 무엇입니까?
  Он отличается от других лидерством и настойчивостью.
  그의 특징은 리더십과 집요함입니다.
  Наша компания отличается от многих других передовыми технологиями и высококвалифицированными кадрами.
  우리 회사가 다른 많은 회사와의 변별력은 첨단기술과 전문인력에 있다.

- **удивлять+ кого+чем** 용법
  Он удивлял всех своим умом и начитанностью.
  그는 자신의 지성과 박식함으로 모두를 놀라게 하였다.
  Хотите удивить любимую сюрпризом?
  연인을 깜짝 선물로 놀라게 하고 싶나요?
  Северная Корея удивила весь мир выпуском ядерной ракеты.
  북한은 핵 미사일 발사로 전 세계를 놀라게 하였다.

- **впечатление** 표현
  В тот период русское общество находилось под впечатлением победы в войне 1812 года с Наполеоном.
  러시아 사회는 1812년 나폴레옹 전쟁에서의 승리감에 젖어 있었다.
  Каково впечатление от поездки в Россию?
  러시아 여행 소감이 어떠세요?
  Какое впечатление произвела на вас экскурсия в города Золотого Кольца?
  '황금고리' 도시 관광은 당신에게 어떤 인상을 주었습니까?
  У меня масса впечатлений, трудно найти слова.
  무척 많은 감명을 얻어서 말로 표현하기 힘듭니다.

> Самое глубокое впечатление на меня произвела встреча с русскими писателями.
> 러시아 작가들과의 만남은 내게 가장 깊은 감명을 주었다.

🔹 **мечтать** 표현

> Русское общество мечтало о свободе и политических реформах.
> 러시아 사회는 자유와 정치개혁을 꿈꾸었다.
> Она мечтала стать первым корейским космонавтом.
> 그녀는 한국의 첫 번째 우주비행사가 되길 꿈꾸었다.
> Корея мечтает о воссоединении Севера и Юга.
> 한국은 남북 통일을 꿈꾸고 있다.

5단계 | 러시아어로 말하기

Диалог 1

Эва : Ты знаешь, у нас в Бродзанах есть музей А. С. Пушкина.

Саша : Правда? Как интересно! Я никогда не слышал об этом. Расскажи... Но сначала я тебя хочу спросить. Почему ты всегда говоришь: ,, а-эс (А. С.) Пушкин? По-русски ведь это неправильно.

Эва : Да-а? А я не знала. А как обычно нужно говорить, если в книге написано: А. С. Пушкин, М. Ю. Лермонтов, М. Цветаеа?

Саша : Никак. Эти инициалы никогда не нужно читать.

Диалог 2

Евгегий : Лайса, в театральном кассе есть билеты на воскресенье в Малый театр.
Лайса : А что там идёт? Какая вещь?
Евгегий : Идёт "Евгений Онегин" Пушкина. Давай сходим?
Лайса : Можно сходить. А ты не слышал, спктакль удачный?
Евгегий : По-моему, это премьера, играют прекрасные актёры, постановка В. Иванова. Это должно быть интересно.
Лайса : Давай пойдём. У меня в воскресенье свободный вечер.
Евгегий : Тогда я прямо сейчас пойду и куплю билеты.

Диалог 3

Леня : Антон Иванович, можно я покажу тебе свои стихи.
Антон : Конечно. Я так и думал, что ты пишешь. Почему ты никогда не читала свои стихи на вечерах
Леня : Я боялась, что ребята будут смеяться... Я не уверена, чтоо стихи У меня хорошие.
Антон : Ну, давай, я посмотрю.

Диалог 4

Антон : Ну, что ж, Леня. Я внимательно прочитал всю тетрадь.
Леня : Всё плохо?
Антон : Нет, совсем нет. Но и не отлично. В твоих стихах много

чувства. Но для поэзии этого мало. Надо знать жизнь. Надо уметь смотреть, наблюдать, иыслить, делать выводы.

Леня : Мне стыдно. Я, наверно, не смогу стать поэтом...

Антон : Сможешь. Не сомневаюсь. Но запомни: писать рифмой - это ещё не поэзия. Конечно, форма должна быть прекрасной. Но главное в поэзии, как в искусстве вообще, - содержание. А точнее - единство, такое единство, когда трудно сказать, что в произвендении форма, а что содержание ... ты понимаешь меня?

Леня : Понимаю, спасибо, Антон Иванович.
Но что же мне теперь делать?

Антон : Учиться, Леня! Учиться. Чтобы быть поэтом, художником, надо много знать.

Леня : И ничего не писать?

Антон : Почему? Писать, конечно, писать.

6단계 | 러시아어 연습마당

I. 다음 질문에 러시아어로 답하시오.

1. Что известно о просхождении А.С. Пушкина?
2. Где учился Пушкин?
3. Когда Пушкин начал писать стихи?
4. Чем занимался Пушкин после окончания лицея?
5. Назовите стихи А.С. Пушкина.

Ⅱ. 다음 괄호 안의 단어를 알맞은 형태로 바꾸시오.

1. Они спросили о (результаты)
2. Это произошло при (свидетели)
3. При (все усилия) они не получили хороших результатов.
4. На (фабрики и заводы) состоялись предвыборные собрания.
5. Мы уверены в (ваши успехи).
6. Они не были на (занятия)
7. Она сказала о (свои недостатки)
8. Нам нужно беседовать о (наши задачи).
9. Мать всегда заботится о (дети)
10. Весь мир беспокоится о (экологические проблемы).

Ⅲ. 다음을 러시아어로 옮기시오.

1. 까자흐스탄 민족의 근면성은 한국 민족과 유사성이 있다.
2. 나는 모스크바 여행에서 큰 감명을 받았다.
3. 북한은 핵 미사일 발사로 전 세계를 놀라게 하였다.
4. 그 당시 러시아 사회는 자유와 정치 개혁을 꿈꾸었다.
5. 그녀는 대학시절에 대한 좋은 기억을 간직하고 있다.
6. 그 당시 러시아 사회는 1812년 나폴레옹 전쟁에서의 승리감에 취해 있었다.

러시아 속담 한 마디

Одного поля ягода.
가재는 게 편이다.

Урок

07

Какую профессию выбрать?

직업선택

🔵 1단계 | 함께 러시아 읽기

Какую профессию выбрать?

Наташа жила в небольшом городе на севере страны. Отец Наташи был инженером-строителем, а мама - учительницей. Старший брат Наташи недавно окончил московский институт и вернулся в родной город. Теперь он инленер-строитель и работает вместе с отцом.

Наташа долго не могла решить - кем она будет, когда окончит школу. Она думала, что тоже может стать инженером и вместе с отцом и братом будет строить свой город, который она очень любит.

Но профессия мамы тоже нравилась Наташе. В школе, где училась Наташа, её мама была учительницей русского языка и литературы. Уроки мамы были очень интересными. Мама учила своих учеников любить литературу и родной язык. Дети делали на уроках доклады о писателях, о книгах, которые они прочитали и которые им понравились. Многие ученики мамы хотели стать преподавателями. И только Наташа не могла решить - как стать.

Однажды, когда Наташа училась в десятом классе, сильно заболела её подруга. 4 месяца она не ходила в школу. И очень часто, сначала в больницу, а потом домой Наташа приходила к своей подруге. Она занималась с подругой историей, математикой, русским языком, физикой, химией.

Учителя составили специальный план для больной двсушки и давали ей специальные задания. Все хотели помочь ей, но больше всех помогала Наташа. Подруга называла Наташу как моя учительница.

Пришла весна. Нужно было сдавать экзамены. Врачи уже разрешили подруге Наташи ходить в школу. Девушки вместе готовились к экзаменам. Наташа была очень рада, когда её подруга сдала все экзамены. И тогда Наташа поняла, кем она хочет стать - учительницей и только учительницей.

Наташа решила поехать в Москву, чтобы поступить в педагогический институт. В Москве она хорошо сдала все экзамены и стала студенткой. Сейчас она учится на втором курсе и мечтает вернуться в родной город, в свою школу, где она хочет, как и её мама, учить детей.

어떤 직업을 선택할까?

나따샤는 러시아 북부의 크지 않은 도시에 살았다. 나따샤의 아버지는 건축기사였고, 엄마는 선생님이었다. 나따샤의 오빠는 얼마 전 모스크바 단과대학을 졸업하고 고향으로 돌아왔다. 지금 그는 건축기사로 아버지와 함께 일하고 있다

나따샤는 오래 동안 졸업을 하고 무엇이 될 지를 결정할 수 없었다. 그녀 또한 건축 기사가 되어 아버지와 오빠와 함께 그녀가 무척 사랑하는 도시를 건설해야겠다는 생각을 했다.

그런데 나따샤는 엄마의 직업도 마음에 들었다. 나따샤가 다니는 학교에서 러시아어문학 교사였다. 엄마의 수업은 매우 재미있었다.

엄마는 학생들에게 문학과 국어를 사랑하라고 가르쳤다. 학생들은 수업 시간에 자신들이 읽고 좋아하는 책과 작가에 대해 보고서를 썼다.

엄마의 많은 학생들이 선생님이 되기를 원하였다. 나따샤만이 무엇이 될 지를 결정할 수 없었다.

나따샤가 10학년이던 어느 날, 그녀의 친구가 많이 아팠다. 4 달 동안 학교에 다니지 못했다. 아주 자주 병원과 집을 왔다 갔다 했다. 나따샤는 친구에게 자주 갔다. 그녀는 친구와 함께 역사, 수학, 러시아어, 물리학과 화학을 공부하였다.

선생님들이 아픈 학생을 위해 특별 계획을 세웠고, 특별 과제를 주었다. 모두가 친구를 도와주기를 원했지만, 누구보다도 나따샤가 가장 많이 도왔다. 친구는 나따샤를 나의 선생님이라고 불렀다.

봄이 왔다. 시험을 치러야만 했다. 의사 선생님들은 나따샤의 친구에게 학교통학을 허락하였다. 소녀들은 시험 준비를 함께 했다. 나따샤는 친구가 모든 시험을 통과한 것이 매우 기뻤다. 그때 나따샤는 자신이 무엇이 되고 싶어 하는 지를 – 교사가, 오직 교사만이 되고 싶어한다는 것을 알게 되었다.

나따샤는 사범대학에 입학하기 위해 모스크바로 가기로 결심하였다. 모스크바에서 그녀는 모든 시험에 합격해서 대학생이 되었다. 지금 그녀는 2학년에 재학 중이며, 고향으로 돌아가서 모교에서 자신의 엄마처럼 아이들을 가르치기를 꿈꾸고 있다.

2단계 | 러시아어 단어&숙어 익히기

инженер-строитель 건축기사
институт 단과대학, 연구소
родной город 고향도시
ученик 학생
преподаватель 강사
заболеть(완료상) 아프다
больница 병원
математика 수학
физика 물리학
химия 화학
составить(완료상) 작성하다
план 계획
больной 아픈
сдавать экзамен 시험을 치르다
сдать экзамен 시험에 합격하다
разрешить(완료상) 허가하다
готовиться к(+чему) —를 준비하다
поступить(완료상) 들어가다, 입학하다
педагогический институт 사범대학
мечтать(불완료상) 꿈꾸다
вернуться(완료상) 돌아가다

3단계 | 러시아어 문법 배우기

불완료상 동사와 완료상 동사의 의미 I

1. 완료상 동사는 행위의 완료성과 결과를 의미한다.
   написать, прочитать, выучить, приготовить, сделать, объяснить, рассказать, решить, вылечить, отдохнуть, сдать 등

   이에 해당되는 불완료상 동사는 행위의 지속성을 의미하며 행위의 완료성을 나타내지 않는다.
   писать, читать, учить, готовить, делать, объяснять, рассказывать, решать, лечить, отдыхать, сдавать 등

   > 예 Ученик решал задачу, но не решил её.
   > 학생은 과제를 풀었지만, 다 풀지 못했다.

   > 예 Брат долго учил меня играть в шахматы, но так и не научил.
   > 형은 내게 체스를 가르쳤지만, 다 가르쳐 주지 못했다.

   > 예 Это стихотворение я никак не могу запомнить. Я учил его, но ещё не выучил.
   > 이 시는 도무지 외워지지 않는다. 나는 이 시를 외우려 했지만, 다 외우지 못했다.

   > 예 Мой друг делал домашние задания, но не мог их сделать.
   > 내 친구는 숙제를 했지만 다 하지 못했다.

   > 예 Мы отдыхали полчаса, но не отдохнули, потому что времени слишком было мало.
   > 우리는 30분 쉬려 했지만, 시간이 너무 적어서 잘 쉬지 못했다.

   > 예 Моя сестра сдавала вчера экзамен, но не сдала, потому что плохо подготовилась.
   > 내 여동생은 어제 시험을 봤는데, 준비를 잘 못해서 통과하지 못했다.

2. 다음의 완료상 동사는 행위의 발생 순간(행위의 시작)을 나타내기도 한다.

пойти, поехать, полетать, полюбить, почувствовать, понравиться, политься, зашуметь, закричать, засмеяться, заболеть, заинтересоваться, рассердиться, увидеть, услышать, обрадоваться 등

이에 해당되는 (접두사가 없는) 불완료상 동사는 행위의 발생 순간은 나타내지 않고 행위의 지속성만을 표현한다.

йдти, ехать, летать, любить, чувствовать, нравиться, литься, шуметь, кричать, смеяться, болеть, интересоваться, сердиться, видеть, слышать, радоваться

- 예 На углу он попрощался с нами, он пошёл направо, а мы пошли налево.
  골목에서 그는 우리와 작별인사를 하였다. 그는 왼쪽으로 우리는 오른쪽으로 갔다.

- 예 Дорога была трудная, поэтому путешественники пошли медленно.
  길이 나빠서 여행객들은 천천히 걷기 시작했다.

- 예 Она увидела письмо и засмеялась от радости.
  그녀는 편지를 보자 기뻐서 웃기 시작했다.

- 예 Дети увидели отца и побежали к нему.
  아이들은 아버지를 보자 아버지에게 달려갔다.

3. 다음의 완료상 동사는 행위의 순간성(일회성)을 의미한다.

махнуть, толкнуть, прыгнуть, шагнуть, бросить 등

이에 해당되는 불완료상 동사는 지속적이고 여러 차례의 행위를 의미한다.

махать, толкать, прыгать, шагать, бросать 등

4. 다음의 완료상 동사는 시간 상 제한된 행위, '잠깐' 동안의 행위를 의미하며 접두사 **по-**를 갖는다.

погулять, полежать, поспать, посидеть, поиграть, почитать, постоять, помолчать, походить, побегать 등

이에 해당되는 (접두사가 없는) 불완료상 동사는 시간 상으로 제한되지 않는 지속적인 행위나 상태를 의미한다.

гулять, лежать, спать, сидеть, играть, читать, стоять, молчать, ходить, бегать 등

> 예 Мы посидели немного, встали и пошли дальше.
> 우리는 잠깐 앉았다가 일어서서 계속 걸어갔다.

> 예 Он подумал и ответил на мой вопрос.
> 그는 잠깐 생각한 후 내 질문에 답했다.

> 예 После ужина мы погуляли минут 30.
> 저녁 식사 후 우리는 30분 정도 산책했다.

> 예 Во время антракта мы потанцевали минут 10 и пошли в буфет.
> 중간 휴식 시간 동안 약 10 분 춤추고 식당으로 갔다.

전체 문장이 레마(рема)인 경우: 문장 전체가 새로운 정보인 경우

동사+주어의 어순이 된다. 전체 문장이 레마인 경우는 주로 자연현상을 표현할 때이다.
Пришла весна. 봄이 왔다.
Дует ветер. 바람이 분다.
Идёт дождь. 비가 온다.
Идёт снег. 눈이 온다.

4단계 | 러시아어 표현 따라잡기

🔸 **разрешить + кому + инф.**

'-에게 -하는 것을 허락하다'라는 표현을 할 때, разрешить + кому + инф.를 사용한다.

예 Врачи уже разрешили подруге Наташи ходить в школу
의사는 나따샤 친구에게 학교통학을 허락하였다.
Правительство разрешило им вести бизнес.
정부는 그들에게 사업하는 것을 허가하였다.
Родители разрешили мне учиться за рубежом.
부모님은 내가 유학하는 것을 허락하였다.

🔸 **готовиться к + чему 표현**

'을 준비한다', '에 대비하다'라는 표현을 할 때, готовились к+чему 표현을 사용한다.

예 Студенты готовятся к экзаменам.
대학생들은 시험 준비를 하고 있다.
Они готовятся к отъезду.
그들은 떠날 채비를 하고 있다.
Нам нужно готовиться к будущему.
우리는 미래를 대비해야 한다.

🔸 **помочь 표현**

'-가 -하는 것을 돕다'라는 표현을 할 때 помочь+ кому+ инф. 그리고 '-를 돕다'를 표현할 때는 помочь + в чём 구문을 사용한다.

Наташа помогла другу сдать все экзамены.
나따샤는 친구가 모든 시험을 통과하도록 도왔다.
Всемирный Банк помогает развивающимся странам добиваться устойчивого развития.
세계은행은 개도국이 지속 가능한 발전을 하도록 돕고 있다.
ООН помогает в борьбе с наркотиками.
유엔은 마약퇴치를 돕고 있다.

🔖 составить 표현

составить план 계획을 짜다
составить проект 사업안을 짜다
составить расписание 시간표를 짜다
составить программу 프로그램을 짜다

5단계 | 러시아어로 말하기

Диалог 1: Поиск работы

Сергей : Когда вы заканчиваете университет?

Вера : Скоро, в начале будущего года.
Теперь я очень беспокоюсь, так как устроиться на работу трудно.

Сергей : Я тоже слышал, из-за ухудшения экономической ситуации страны, многие выпускники не находят работу. А вы какую работу хотите?

Вера : Я хочу найти работу, на которой есть возможность повышать квалификацию, и получать большую зарплату.

Сергей : У вас слишком большие требования, но желаю вам удачи.

Диалог 2

Наташа : Галина Петровна, вы любите свою работу?

Галина : Люблю.

Наташа : А я не понимаю, за мто можно любить работу преподавателя.

По-моему, это совсем не интересно -тповтореть одно и то же каждый год...

Галина : Ты ошибаешься.

Настоящий преподаватель никогда не преподает в этом году, как в прошлом.

Каждый год он работает по-новому. А кроме этого, преподаватель работает с людьми, со студентами. Он учит их, передает им свои знания.

Он видит, как они растут, становится взрослыми, умными, образованными.

Это и интересно, и радостно - видеть частицу своего труда в растущем человеке.

Наташа : Может быть, но я, например, не представляю себя преподавательницей.

Диалог 3

Наташа : Галина Петровна, а вы сразу стали преподавательницей?

Галина : Нет, не сразу. Сначала, после окончания университета я работала в редакции.

Наташа : Почему вы ушли из редакции?

Вам не нравилась ваша работа?

Галина : Мне нравилась моя работа. Однажды группа работников редакции попросила меня заниматься с ними английским языком. Так я начала преподаввать. Моя новая работа увлекла меня, я поняла, что преподавание мне больше по душе, и я перешла в университет.
Наташа : И не жалеете?
Галина : Нисколько.

6단계 | 러시아어 연습마당

I. 다음 질문에 러시아어로 답하시오.

1. Кем были родители Наташи?
2. Где учился её брат и кем он работает сейчас?
3. Почему Наташа не могла решить, кем стать?
4. Что однажды случилось с её подругой?
5. Почему подруга называла её моя учительница?
6. Когда Наташа поняла, что она хочет стать учительницей?
7. О чём мечтает Наташа?
8. Расскажите текст от имени Наташи.

II. 다음 빈 칸에 알맞은 동사를 넣으시오.

1. В воскресенье мы не занимались, мы весь день _____ Мы хорошо _____ и теперь можем продолжать работу. (отдыхали, отдохнули)

2. Врачи долго _____ его и наконец _____ Теперь он совершенно здоров. (лечили, вылечили)

3. Мой друг долгое время _____ английский язык. (изучал, изучил)

4. Мы сидели и внимательно слушали. Преподаватель _____ значение новых слов. (объяснял, объяснил)

5. Я пришёл к концу собрания. Коллеги всё ещё _____ этот вопрос. (обсуждали, обсудили)

6. Учительница сидела за стлом и _____ ученические тетради. (проверила, проверяла)

7. Друг не мог пойти со мной в кино, потому что _____ к семинару. (готовился, подготовился)

8. Вдруг _____ дождь, и мы решили вернуться домой. (поошёл, шёл)

9. От леса до реки мы _____ целый час полем. (пошли, шли)

10. Вдруг _____ сильный ветер, сразу стало холодно. (подул, дул)

11. Появилось солнце и сразу роса _____ на траве и на листьях. (заблестела, блестела)

12. Вечером мы долго _____ в саду. (погуляли, гуляли)

13. Дети выбежали из дома, _____ немного по двору и побежали на улицу. (побегали, бегали)

14. Он не пошёл с нами в кино и весь вечер _____ в читальном зале. (позанимался, занимался)

15. Мы _____ её спеть нам эту песню, но она не соглашалась. Мы, наконец её _____, и она спела нам эту песню. (уговаривали, уговорили)

Ⅲ. 다음을 러시아어로 옮기시오.

1. 나는 아직도 장래에 뭐가 되고 싶은 지 모른다.

2. 직업 선택은 사람의 운명을 결정짓는다.

3. 부모님은 러시아 연수를 허락하셨다.

4. 한국정부는 평창 동계올림픽 개최를 준비해야 한다.

5. 유엔은 빈곤퇴치를 돕고 있다.

6. 세계은행은 개도국이 안정적인 성장을 하도록 돕고 있다.

러시아 속담 한 마디

Богу богово, а кесарю кесарево
누구든 자신에게 맞는 것이 있다.
 *신에게는 신에게 어울리는 것이 있고, 군주에게는 군주에게 맞는 것이 있다.

Урок

08

На ледьне
(по Б. Житкову)

얼음 조각 위에서

⦿ 1단계 | 함께 러시아 읽기

На ледне (по Б. Житкову)

На берегу моря стоял посёлок. В нём жили рыбаки. Зимой море замёрзло. Рыбаки собрались на лёд ловить рыбу. Взяли сети, лошадей и поехали на санях по льду.

Поехал и рыбак Андрей, а с ним его сынишка Володя. Выехали далеко-далеко. Вокруг лёд - куда ни посмотри. Андрей с товарищами заехали дальше всех. Остановились, сделали дырки во льду и бросили в них сети.

День был солнечный, всем было весело. Володя помогал отцу доставить рыбу из сетей. Он радовался, что рыбы много. Уже больше кучи мороженой рыбы лежали на льду. Володин отец сказал:

- Всё! Хватит! Поехали домой!

Но люди не хотели возвращаться. Они решили остаться ночевать, а утром снова ловить рыбу. Вечером они поужинали и легли спать в санях. Володя прижался к отцу, чтобы было теплей, и крепко заснул.

Вдруг ночью отец проснулся и закричал:

- Вставайте! Смотрите, какой сильный ветер!

Все проснулись, забегали.

- Почему нас качает? - закричал Володя.

Отец крикнул:

- Беда! Нас оторвало и несёт на льдине в открытое море.

Володя заплакал. Он понял, что случилось что-то страшное. Днём ветер стал ещё сильнее. Вокруг было только море. Люди весь день ходили по льдине грустные, серьёзные и с трвогой смотрели вдаль: не появится ли на горизонте парaход .

От тревоги и страха никто не хотел ни пить, ни есть. А Володя лежал в санях и смотрел в небо. Вдруг среди туч он увидел самолёт и закричал:

- Самолёт! Самолёт!

Все стали кричать и махать шапками. С самолёта упал мешок. В нём была еда и записка: Держитесь! К вам идёт помощь. Все обрадовались.

Через час пришёл пароход. Он взял со льдины людей, сани, лошадей и рыбу. Это начальник порта узнал, что на льдине унесло восемь рыбаков. Он послал им на помощь пароход и самолёт. Лётчик нашёл рыбаков и по радио сказал капитану парохода, куда плыть.

얼음 조각 위에서

바닷가에 한 마을이 있었다. 그곳에는 어부들이 살았다. 겨울에 바다는 꽁꽁 얼었다. 어부들은 얼음 낚시를 하러 갈 채비를 했다. 어망과 말을 챙기고 얼음판을 썰매를 타고 갔다.

어부 안드레이도 갔고, 그의 아들 발로쟈도 갔다. 멀리 멀리 나갔다. 사방을 둘러봐도 주변은 온통 얼음이었다. 안드레이와 친구들은 가장 멀리 갔다. 멈춰서, 얼음에 구멍을 뚫고 어망을 던졌다.

맑은 날이었다. 모두는 즐거워했다. 발로쟈는 아버지가 어망에서 물고기를 꺼내는 것을 도왔다. 그는 고기를 많이 잡아서 기뻐했다. 얼음 위에 얼은 생선더미가 가득 놓여 있었다.

발로쟈 아버지가 말했다:

– 됐어. 충분해. 집으로 가자고!

그러나 사람들은 돌아가고 싶어하지 않았다. 그들은 이곳에 남아 밤을 새고 다음 날 아침에 다시 고기를 잡기로 결정히였다. 저녁에 그들은 식사를 하고, 썰매에서 잠을 자려 누웠다. 발로쟈는 몸을 더 따뜻하게 하려고 아버지에게 바짝 다가갔고 깊은 잠에 들었다.

갑자기 밤에 아버지가 잠에 깨어서 소리 치기 시작했다:

– 일어나시오! 바람이 아주 심하게 불고 있어!

모두는 잠에서 깨어 달리기 시작하였다.

–왜 이렇게 흔들리는 거지? – 발로쟈가 소리치기 시작했다.

아버지가 소리쳤다.

– 큰일났어! 얼음이 갈라져서 우리는 얼음 조각을 타고 망망대해 한 가운데 떨어졌어.

발로쟈는 울기 시작했다. 무서운 일이 뭔가 벌어졌음을 알았다. 낮에 바람은 더욱 더 세졌다. 주변은 온통 바다였다. 사람들은 온 종일 얼음 조각 위에서 우울하고 심각한 얼굴로 걸어 다녔고 걱정스럽게 저 멀리 수평선에 배가 나타나지 않는 가를 바라보았다.

걱정과 두려움으로 아무도 먹지도 마시지도 않으려 했다. 발로쟈는 썰매에 누워 하늘은 바라보고 있었다. 갑자기 그는 비행기를 보고 소리치기 시작했다.

–비행기다! 비행기!

모두는 소리치기 시작했고 모자를 흔들기 시작했다. 비행기에서 자루 하나가 떨어졌다. 자루 안에는 식량과 '조금만 견디십시오! 여러분을 구조하러 올 것입니다,' 라는 메모가 있었다 모두는 기뻐했다.

한 시간 후에 배가 왔다. 얼음 짠에서 사람들, 썰매, 말과 생선을 실었디. 항구의 책임자는 얼음 조각을 타고 8명의 어부가 조난당했다는 것을 알고 있었던 것이다. 그는 그들을 구조하려고 비행기와 배를 보냈다. 조종사는 어부들을 발견하고 배의 선장에게 무선으로 항해해야 할 지점을 말해주었던 것이다.

2단계 | 러시아어 단어&숙어 익히기

рыбак 어부
замерзать замёрзнуть 얼다 (замёрз, замёрзла, замёрзло: замёрзли)
собираться / собраться 모이다
лёд 얼음 *ё는 출몰모음 (단수생격) льда
ловить рыбу 낚시하다
брать / взять 잡다
сеть 그물
сани (복수) 썰매
вокруг 주변에
останавливаться / остановиться(완료상) 멈춰서다
делать дырки 구멍을 뚫다
доставлять / доставить 공급하다, 나르다
куча 더미
мороженой 얼린, 냉동시킨
возвращаться / вернуться 돌아가다
оставаться / остаться 남다
ночевать(불완료, 완료) 밤을 지내다
ложиться спать / лечь спать 잠자리에 들다
прижаться / прижиматься 달라붙다
теплей (비교급) 더 따뜻하게
крепка заснуть 깊은 잠에 들다
просыпаться / проснуться 깨다
закричать (완료상) 소리치기 시작하다
забегать(완료상) 달리기 시작하다
качать / качнуть 흔들다
отрывать / оторвать 떨어 뜨리다
нести 나르다, 데려가다
льдина 얼음덩이

Урок 8 На льдине (по Б. Житкову)

в открытое море 망망대해에서
заплакать (완료상) 울기 시작하다
случаться / случиться 발생하다
трвога 불안, 근심
смотреть вдаль 멀리 바라보다
горизонт 수평선
страх 두려움
туча 먹구름
махать / махнуть 흔들다
мешок 자루
еда 식량
записка 메모
держаться (여기서는 구어체) 참다, 견디다
помощь 도움
обрадоваться (완료상) 기쁘다
начальник 책임자, 소장
порт 항구
уносить / унести 가져가다
лётчик 비행사
капитан 선장
плыть 헤엄치다, 항해하다

3단계 | 러시아어 문법 배우기

불완료상 & 완료상 의미 Ⅱ

1. '일정한 시간 동안'의 행위 표현

'일정한 시간 동안' 지속되는 행위를 표현할 때 불완료상 동사는 '시간'을 의미하는 대격과 결합하고, '일정한 시간' 동안 완료되는 행위를 표현할 때 완료상 동사는 전치사 за+ 대격과 결합한다.

1) 불완료상 동사: 일정한 시간 동안 지속되는 행위를 의미하며 행위의 결과나 완료 여부는 나타내지 않는다.

Я читал эту книгу два дня.
나는 이 책을 두 시간 동안 읽었다.
Я писал письма целый вечер.
나는 하루 종일 편지를 썼다.
Этот дом строили пять месяцев.
이 집은 5개월 동안 짓고 있다.

2) 완료상 동사: 일정한 시간 동안 완료되는 행위를 의미한다.

Я прочитал эту книгу за два часа.
나는 이 책을 2시간 동안 다 읽었다.
Я написал все эти письма за один вечер.
나는 이 모든 편지를 하루 저녁에 다 썼다.
Этот дом построили за пять месяцев.
이 집은 5개월 동안 다 지었다.

Урок 8 На льдине (по Б. Житкову)

2. 행위의 반복성과 일회성

불완료상 동사는 행위의 '반복성'을 나타내고, 완료상 동사는 '일회성'을 나타낸다.

1) 불완료상 동사: 행위의 반복성

Я ложился спать в 11 часов, а вставал в 7 часов.
나는 11시에 자서 7시에 일어나곤 한다.
Мы начинали работу в 9 часов.
우리는 9시에 일을 시작하곤 하였다.
Я всаю рано.
나는 일찍 일어난다.
Я буду вставать рано.
나는 일찍 일어날 것이다.

불완료상 동사는 행위의 반복을 나타내는 단어나 부사와 주로 결합한다: обычно(보통), всегда(항상), иногда(가끔), часто(자주), редко(드물게), ежедневно(매일), ежеминутно(매분), каждый день(매일), каждый вечер(매일 저녁), каждую неделю(매주), каждый месяц(매달), по утрам(아침마다), по вечерам(저녁마다), по воскресеньям(일요일마다)

Обычно я ложился спать в 11 часов.
나는 보통 11시에 잔다.
Мы всегда начинаем работу в 9 часов.
우리는 항상 9시에 일을 시작한다.
Мы каждый вечер гуляли в парке.
우리는 매일 저녁 공원에서 산책한다.
По утрам я читаю газеты.
아침마다 나는 신문을 읽는다.

2) 완료상: 행위의 일회성

Вчера я лёг спать в 11 часов, а встал в 7 часов.
나는 어제 11시에 자서 7시에 일어났다.

Сегодня мы начали работу в 9 часов.
나는 오늘 9시에 일을 시작했다.
Завтра я встану рано.
내일 나는 일찍 일어날 것이다.

무인칭문

주어는 없고 술어만 있는 문장을 무인칭문(Безличные предложения)라고 일컫는다. 무인칭문에서 동사는 현재와 미래시제에서 3인칭 단수형, 과거시제에서 중성 단수형으로 나타난다.

1. 자연현상을 나타내는 경우 무인칭문으로 자주 표현된다.

예 Холодает. 추워지고 있다.
Холодало. 추워졌다.
Похолодало. 완전 추워졌다.
На льдине унесло восемь рыбаков.
8명의 어부가 얼음조각을 타고 떠내려갔다.

2. 사람의 상태를 나타내는 무인칭문

1) 대격과 결합하는 무인칭 동사
Больного знобит. 환자는 오한이 난다.
Его лихорадит. 그는 열이 난다.
Больного тошнит. 환자는 구역질을 한다.

2) 여격과 결합하는 무인칭 동사 또는 술어부사
Мне нездоровится. 나는 상태가 좋지않다.
Ребёнку хочется гулять. 아이는 산책을 하고 싶어한다.

Ей не спится. 그는 자고 싶어하지 않는다.
Ему было весело. 그는 즐거웠다.
Нам холодно. 우리는 춥다.

3. 당위성을 표현하는 무인칭문

Больному следует выходить из дома.
환자는 외출을 해서는 안된다.
Мне нужно учиться русскому языку.
나는 러시아어를 배워야 한다.
Тебе стоит пойти на вечер.
너는 파티에 가야 한다.

전치사 от의 용법

전치사 от는 행동이나 특징의 원인을 나타낼 때 사용되기도 한다.
주로 일차적 감정이나 자연현상이 원인이 되었을 경우 전치사 от를 사용한다.

예 От тревоги и страха никто не хотел ни пить, ни есть.
불안감과 두려움 때문에 어느 누구도 먹으려고도 마시려고도 하지 않았다.
Она смеялась от радости.
그녀는 기뻐서 웃었다.
Она плакала от горя.
그녀는 슬퍼서 울었다.
Она плакала от обиды.
그녀는 창피해서 울었다
Они кричали от боли.
그들은 고통 때문에 소리 질렀다.

Он дрожал от холода.
그는 추워서 몸을 떨었다.
Всё было мокро от дождя.
모든 것이 비에 젖었다.
Дорога стала белой от снега.
길은 눈 때문에 하얘졌다.
Дорога стала серой от пыли.
길이 먼지로 회색 빛이 되었다.

4단계 | 러시아어 표현 따라잡기

куда ни посмотри 표현
Вокруг лёд - куда ни посмотри.
아무리 둘러봐도 주변이 얼음뿐이다.
Куда ни посмотри, одни иностранцы. У меня нет ни одного знакомого.
아무리 봐도 외국인들 뿐이다. 아는 사람이 단 한 명도 없다.
Куда ни посмотри, всюду следы разрушений.
아무리 봐도 사방이 파괴의 흔적뿐이다.

- c + 조격의 표현

    с трвогой смотрели вдаль

    걱정스럽게 멀리 바라보다

    слушать с интересом

    관심을 갖고 듣다

    роководить с знанием дела

    업무에 대한 지식을 갖고 이끌다

    начинать работу со страстью и радостью

    열정과 기쁨을 갖고 일을 시작하다

- ни..., ни.... -도 -도 아니다

    ни..., ни..는 부정을 강조하는 표현이다.

    Никто не хотел ни пить, ни есть.

    아무도 먹지도 마시려고도 하지 않았다.

    Ни я не послал ему письма, ни он мне не написал.

    나도 그에게 편지를 보내지 않았고, 그도 나에게 쓰지 않았다.

    ни то, ни сё.

    이도 저도 아니다.

    Ни рыба, ни мясо.

    죽도 밥도 아니다.

    Ни много, ни мало.

    때마침, 적당히

    Ни пуха, ни пера.

    행운을 빕니다. 잘해라! (처음에 사냥터에서 사용. К чёрту라고 답변해야 함)

5단계 | 러시아어로 말하기

Диалог 1 (Летние каникулы)

Елизавета : Ура! Кончается семестр!
Виктор : Наконец. У нас начинаются летние каникулы.
  Я очень рад, что мы не учимся.
Елизавета : Какой план у тебя на летние каникулы?
Виктор : У меня нет никаких особенных планов.
  Может быть, я буду у дяди на Кавказе.
  А что ты будешь делать?
  Ты вернёшься домой на родину?
Елизавета : Нет, я не вернусь.
  Летом здесь мне нужно заниматься русским языком.
Виктор : Ты, никуда не поедешь отдыхать?
Елизавета : Может быть, у меня будет возможность поездить по
  Золотому кольцу

Диалог 2 (Свободное время)

Сергей : Как ты проводишь своё свободное время?
Ира : У меня почти нет свободного времени.
  : Работа и семья занимают всё моё время. Но я увлекаюсь фильмами.
Сергей : А как субботу и воскресенье?
Ира : Сижу дома и занимаюсь домашними делами.
  : А как ты проводишь свободное время?
Сергей : Я увлекаюсь спортом, занимаюсь в разных секциях:
  футбол, хоккей , фехтование.

6단계 | 러시아어 연습마당

I. 다음 질문에 러시아어로 답하시오.

1. Куда собирались рыбаки?
2. Кого взял с собой рыбак Андрей?
3. Что сделали Андрей с сыном, когда приехали на место, где они хотели ловить рыбу?
4. Почему радовался Володя?
5. Как вы думаете, почему рыбаки решили остаться ночевать?
6. Что случилось ночью?
7. Почему все ходили серьёзные и с тревогой смотрели вдаль?
8. Как спасли рыбаков?

II. 다음 빈 칸에 알맞은 동사를 넣으시오.

1. Вчера я _____ рано утром. Я всегда _____ так рано. (вставал, встал)

2. Когда мы жили летом в деревне, мы _____ спать очень рано.
   Они _____ спать и сразу заснули. (ложились, легли)

3. Она _____ писать письмо, положила ручку и встала. Каждый день она _____
   Работу в три часа и уходила домой. (кончила, кончала)

4. Изредка _____ к нам мой старый школьный товарищ. Сегодня он кончил работу раньше обычного и _____ к нам. (заходил, зашёл)

5. Она не могла работать спокойно, поминутно _____ и _____ ходить по комнате.

Она уже давно _____ и _____ работать. (вставала, встала: начинала, начала)

6. Он всегда во-время _____ мне книги, которые были у меня.

Я не помню, _____ ли он мне эту книгу. (возвращал, вернул)

7. Он давно уехал к себе на родину. Время от времени я _____ от него _____ письма.

Я надеюсь, что от него _____ письмо к Первому мая. (получаю, получу)

8. Родители регулярно _____ мне посылки. Последнюю посылку они _____ мне неделю тому назад. (присляди, присылали)

Ⅲ. 다음 문장을 보기처럼 바꾸시오.

Образец: Студент читал текст час

Студент прочитал текст за час.

1. Чайковский писал оперу Пиковая дама сорок дней.

   _____

2. Автор пять лет собирал материал для этого первого истического романа.

   _____

3. Мы готовились к зачёту две недели.

   _____

4. Архитектор составлял проект 3 месяца.

5. Профессор отвечал на все эти вопросы полтора часа.

6. Мы осматривали выставку 4 часа.

7. Студент 20 минут записывал на плёнку пересказ текста.

Ⅲ. 다음을 러시아어로 옮기시오.

1. 아이들은 마냥 즐겁다.

2. 나는 추워서 잠을 잘 수 없었다.

3. 그녀는 걱정 때문에 아무 것도 먹지 못했다.

4. 아무리 둘러봐도 사방은 자작나무 숲뿐이다?

5. 우리는 큰 관심을 갖고 러시아를 연구해야 한다.

러시아 속담 한 마디

Бог дал, бог и взял.
공수래 공수거

Урок

09

Воробей
(По И. Тургеневу)

참새

1단계 | 함께 러시아 읽기

Воробей (По И. Тургеневу)

Я возвращался с охоты и шёл по алее сада. Собака бежала впереди меня. Вдруг она уменьшила свои шаги и начала красться, как будто почувствовала перед собой дичь.

Я посмотрел вперёд и увидел маленькую птичку. Это был совсем молодой воробей, вернее воробышек. Ветер сильно качал берёзы аллеи и птнец упал из гнезда. Он ещё не умл летать и теперь сидел неподвижный и беспомощный.

Моя собака медленно приближалась к воробышку. Но вдруг сверху, с дерева, камнем упал перед собакой черногрудый большой воробей. Весь взъерошенный, он с отчаянным писком прыгнул два раза вперёд, навстречу огромной собаке.

Он хотел спасти, заслонить собой своего маленького птенца. Всё его тело дрожало от страха, голосок охрип. Каким огромным чудовищем должна была казаться ему собака! Но он жертвовал собой, он не мог сидеть на своей высокой безопасной ветке, какая-то непонятная сила заставила его броситься вниз.

Моя собака остановилась. Наверное, и она почувствовала эту силу. Я позвал собаку и ушёл, благоговея. Да, не смейтесь! Я благоговел перед этой маленькой героической птицей. Любовь, думал я, сильнее смерти и страха смерти. Только его, только любовью держится и движется жизнь.

참새

사냥에서 돌아와 정원 오솔길을 걸었다. 개가 내 앞에서 달려갔다. 갑자기 개는 달리던 속도를 줄이고 숨기 시작했다. 마치 자기 앞에 들짐승의 존재를 감지한 것처럼…

나는 앞을 살펴보고 작은 새 한 마리를 보았다. 완전히 어린 참새 한 마리였다. 새끼 참새라는 표현이 더 맞다. 바람이 정원 오솔길의 자작나무를 세게 흔들었고, 작은 새는 둥지에서 떨어졌다. 아직 날 줄을 몰랐고, 꼼짝도 못하고 무기력한 채 앉아있었다.

나의 개는 어린 참새에게 천천히 다가갔다. 그런데 갑자기 나무 위에서 검은 가슴 털을 가진 커다란 참새가 개 앞에 돌처럼 떨어졌다. 온 몸의 털이 헝클어진 참새는 절망에 찬 비명을 지르며 커다란 개 앞으로 두 번 펄쩍 뛰었다.

큰 참새는 자신의 새끼 참새를 구하고 싶었던 것이다. 그 참새의 온 몸은 두려움으로 떨고 있었고, 가녀린 목소리는 쉬어있었다. 그 참새에겐 개가 필경 거대한 괴물로 보였으리라! 그러나 그 참새는 스스로를 희생했다, 안전하고 높은 가지 위에 그대로 앉아 있을 수 만은 없었다. 알 수 없는 어떤 힘에 이끌려 그 참새는 자기 몸을 아래로 던진 것이다.

나의 개는 멈추어 섰다. 아마도 이 힘을 느낀 것 같다. 나는 개를 부르고, 축복을 하면서 떠났다. 하지만. 웃지 마시길! 나는 이 작은 영웅적인 새를 축복하였다. 사랑이, 나는 생각한다, 죽음 보다 그리고 죽음의 공포보다 더 강하다라고… 단지 그 새의, 사랑 만이 생명을 구했고, 움직이게 했다.

2단계 | 러시아어 단어&숙어 익히기

птичка (птица 지소형) 작은 새
воробей 참새
вернее 더 정확히
воробышек 새끼 참새
берёза 자작나무
аллея 오솔길
птенец 갓 깬 새끼새
гнездо 둥지
неподвижный 미동도 없는
беспомощный 무기력한
приближаться к (чему) –로 다가가다
сверху 위에서
черногрудный 검은 가슴털을 가진
взъерошенный (머리가) 헝클어진
с отчаянным писком 절망적인 외마디를 지르며
навстречу –을 향해서
спасать / спасти 구하다
заслонить собой (заслонять의 완료상) 가리다, 보호하다
от страха 두려움 때문에
чудовише 괴물
казаться /показаться (+чем) – 처럼 보이다
жертвовать собой 자신을 희생하다
безопасный 안전한
ветка 가지
непонятный 알 수 없는
сила 힘
заставлять/ заставить(+ кого + инф.) –에게 –하도록 하다
броситься вниз 아래로 몸을 던지다

звать /позвать 부르다
благоговея 축복하면서 (благоветь의 부동사 현재형)
смеяться / посмеяться 웃다
геройческий 영웅적인

3단계 | 러시아어 문법 배우기

감탄문(Восклицательные предложения)

강한 감정 (기쁨, 환희, 놀라움, 분노, 슬픔 등)을 나타내는 평서문과 의문문도 문장 끝에 느낌표(!)를 찍어 감탄문이 될 수 있다. 감탄문은 음성적 측면에서 억양과 고조된 톤을 사용하여 표현한다.

Сегодня прекрасная погода!
오늘 날씨 좋네!
Собирайтесь поскорее!
빨리 모여!
Как , вы не поедете с нами?!
어떡할 거야, 너희들 우리랑 같이 갈거야?!

감탄문에는 감탄사가 자주 사용된다.
Тишина. Ах, какая стоит тишина!
조용하다. 아, 이토록 조용할 수 가!
Увы, о горе!
아, 슬프도다!

감탄을 표현하기 위해 의문대명사 какой, такой, что за, сколько, столько 와 부사 как, так 등이 자주 사용된다.

Каким огромным чудовищем должна была казаться ему собака!
그 참새에겐 강아지가 필경 거대한 괴물로 보였으리라!

Какая прекрасная женщина!
얼마나 아름다운 여성인가!

Как хорошо ты, о море ночное!
밤바다, 그대가 얼마나 멋있는지!

Сколько тут было красивых берёз!
이곳에 자작나무가 얼마나 아름다운지!

접속사(Союз)

1. 접속사 но와 и

접속사 но는 '대구'의 의미를 가지면 역접관계를 나타낸다.
접속사 и는 순접관계를 나타낸다.

> 예) Вода была холодная, но мы решили купаться.
> 물은 차가웠지만 우리는 수영을 하기로 결정하였다.
>
> У меня был билет, но не пошёл в театр.
> 나는 표가 있었지만, 극장에 가지 않았다.
>
> Прозвенел звонок, но лекция ещё не кончилась.
> 벨이 울렸지만, 강의는 아직 끝나지 않았다.

비교) 접속사 но & и

Вода была холодная, но мы решили купаться.
물은 차가웠지만 우리는 수영을 하기로 결정하였다

Вода была холодная, и мы не стали купаться.
물은 차가워서 우리는 수영을 그만했다.

У меня был билет, но не пошёл в театр.
나는 표가 있었지만, 극장에 가지 않았다.
У меня был билет, и я пошёл в театр.
나는 표가 있어서, 극장에 갔다.

Прозвенел звонок, но лекция ещё не кончилась.
벨이 울렸지만, 강의는 아직 끝나지 않았다.
Прозвенел звонок, и лекция кончилась.
벨이 울려서, 강의가 끝났다.

2. 접속사 a

접속사 a는 '대조' 의 의미를 갖는다.

예 Я студент, а он аспирант.
나는 대학생인데 그는 대학원생이다.
Мы пошли в театр, а они пошли в кино.
우리는 극장에 갔는데, 그들은 영화관에 갔다.
Все ушли, а я остался дома.
모두 나갔는데, 나는 집에 남았다.
Не я помогал ему, а он помогал мне.
내가 그를 도운 게 아니고, 그가 나를 도왔다.

비교) 접속사 a & и

Я студент, а он аспирант.
나는 대학생인데, 그는 대학원생이다.
Я студент, и он студент.
나는 대학생이고, 그도 대학생이다.

Мне 20 лет, а ему 23 года.
나는 20세인데, 그는 23세이다.

Мне 20 лет, и ему (тоже) 20 лет.
나는 20세이고, 그도 20세이다.

Сестра пишет письмо, а брат читает книгу.
누나는 편지를 쓰는데, 동생은 책을 읽는다.
Сестра пишет письмо, и брат (тоже) пишет письмо.
누나는 편지를 쓰고, 동생도 편지를 쓴다.

Мы пошли в театр, а они пошли в кино.
우리는 극장에 갔는데, 그들은 영화관에 갔다.
Мы пошли в театр, и они (тоже) пошли в кино
우리는 극장에 갔고, 그들도 극장에 갔다.

Все ушли, а я остался дома.
모두는 나갔는데, 나는 집에 남았다.
Все ушли, и я (тоже) ушёл.
모두는 나갔고, 나도 나갔다.

비교) 접속사 но & а & и

Эта река широкая, но переплыть её легко.
이 강은 넓지만, 헤엄쳐 건너기가 쉽다.
Эта река широкая, и переплыть её трудно.
이 강은 넓어서, 헤엄쳐 건너기가 어렵다.
Эта река широкая, а та река узкая.
이 강은 넓은데, 저 강은 좁다

В его комнате темно, но он не спит.
그의 방은 어둡지만, 그는 자지 않고 있다.
В его комнате темно, и он спит
그의 방은 어두워서, 그는 자고 있다.

В его комнате темно, а в соседней комнате горит свет.
그의 방은 어두운데, 옆 방은 불이 켜져 있다.

Там было тепло, но мне было холодно.
그곳은 따뜻했지만 나는 추웠다.
Там было тепло, и я сгорелся.
그곳은 따뜻해서 나는 더웠다.
Там было тепло, а здесь холодно.
그곳은 따뜻한데, 이곳은 춥다.

Эта книга интересная, но у меня нет времени читать её.
이 책은 재미있지만, 난 읽을 시간이 없다.
Эта книга интересная, и я её обязательно прочитаю.
이 책은 재미있어서 꼭 읽을 것이다.
Эта книга интересная, а та книга была скучная.
이 책은 재미있는데, 저 책은 지루하다.

Вчера погода была хорошая, но мы не гуляли.
어제 날씨가 좋았지만 우리는 산책을 하지 않았다
Вчера погода была хорошая, и мы гуляли.
어제 날씨가 좋아서 우리는 산책을 했다
Вчера погода была хорошая, а сегодня идёт дождь и дует сильный ветер.
어제는 날씨가 좋았는데, 오늘은 비가 오고 강한 바람이 분다.

3. 접속사 же

접속사 же는 a처럼 '대조'의 의미로 사용된다.
Наверху дула буря, здесь же снег падал тихо, ветер дул относительно спокойно.
위쪽은 폭풍우가 치지만, 이곳은 눈이 조용히 내리고, 바람이 비교적 잔잔하게 분다.

4. 접속사 да

접속사 да는 접속사 и와 같은 의미로 사용되기도 하고,
구어체나 속담에서는 주로 но와 같은 의미로 사용되므로 문맥에 따라 정확하게 이해하고 사용해야 한다.

1) и와 같은 의미: 연결되는 문장에서 행위가 동시에 일어날 경우
   Гремят тарелки и приборы, да рюмок раздаётся звон.
   접시와 그릇에선 달그락 소리가 나고, 술잔에선 부드러운 소리가 난다.

2) но와 같은 의미: 구어체나 속담에서
   Я давно собирался зайти к тебе, да всй времени не было.
   오래전부터 네게 가려했지만, 시간이 정말 없었어.
   Близок локоть, да не укусишь.
   그림의 떡
   Я позвал собаку и ушёл, благоговея. Да, не смейтесь!
   나는 강아지를 부르고, 축복을 하면서 떠났다. 하지만. 웃지 마시길!

●● 4단계 | 러시아어 표현 따라잡기

🅰 **жертвовать** 표현
Он жертвовал собой.
그는 자신을 희생했다.
Они жетвовали своей жизнью за родину.
그는 조국을 위해 자신의 생명을 희생했다.

- **заставить** 표현

    Какая-то непонятная сила заставила его броситься вниз.
    알 수 없는 어떤 힘이 그 참새를 아래로 몸을 던지게 만든 것이다.
    Что заставило меня начать зарабатывать в иннернете?
    무엇이 나로 하여금 인터넷에서 돈벌이를 시작하도록 했을까?

- **как будто** 표현

    Вдруг собака уменьшила свои шаги и начала красться, как будто почувствовала перед собой дичь.
    갑자기 개는 달리던 속도를 줄이고 숨기 시작했다. 마치 자기 앞에 들짐승의 존재를 감지한 것처럼 …

- **казаться /показаться (+чем)** '–처럼 보이다' 표현

    '–에게 –가 –처럼 보이다/여겨지다'를 표현할 때, 동사 **казаться/ показаться**를 사용하여 보는 주체는 '여격'으로, 보여지는 대상은 '주격'으로 그리고 보여지는 상태는 '조격'으로 나타낸다.

    Он кажется умным.
    그는 영리해 보인다.
    Она показалась девочкой.
    그녀는 소녀처럼 보인다.
    Открыла дверь ногой, мне показалось это не привычным.
    문을 발로 열었다. 이는 내게 익숙하지 않은 행동이었다.

5단계 | 러시아어로 말하기

Диалог

Лена : С днём рождения!

Роман : Спасибо. Я думал, что ты не помнишь об этом.

Лена : Ну что ты! А это ткбе подарок.

Роман : О-о! «Русские народные сказки». Какая чудесная книга. Спасибо большое! И какие иллюстрации!

Лена : Я знаю, что ты увлекаешься фольклором, уже несколько лет собираешь народные песни, былины, колыбельные, поэтому я решила подарить тебе это.

Роман : Молодец! У меня есть книги: «Английские сказки», «Французские сказки», А «Русских сказок» не было.

Лена : Давай посмотрим иллюстрации. Прекрасные, да?
Их сделали наши очень известные художники Васнецов, Васильев, Я тебе покажу.

Роман : А я тебе покажу книгу, которая у меня есть «Русские былины».
Там тоже хорошие иллюстрации.

6단계 | 러시아어 연습마당

I. 다음 질문에 러시아어로 답하시오.

1. Откуда возвращался автор с собакой?
2. Почему собака изменила своё поведение?
3. Как на алле сада оказался воробышек?
4. Что заставило воровья броситься с дерева вниз?

5. Почему собака охотника остановилась перед воровьём?

6. Что подумал автор о случившемся?

Ⅱ. 다음 단문을 접속사 и, но, a를 사용하여 복문으로 만드시오.

Образец: Мы пришли на станцию рано.

1) Поезд уже ушёл.

2) Мы сели в поезд.

3) Они пришли поздно.

Мы пришли на станцию рано, но поезд уже ушёл.

Мы пришли на станцию рано, и мы сели в поезд

Мы пришли на станцию рано, а они пришли поздно.

1. Мне трудно было выполнить это поручение.

 1) Я его выпонил.

 2) Я его не выполнил.

 3) Ему легко было это сделать.

2. Он давно занимается русским языком.

 1) В его речи есть ошибки.

 2) В его речи нет ошибок.

 3) Я начал изучать русский язык недавно.

3. Тучи покрыли небо.

 1) Дождя не было.

 2) Пошёл дождь.

4. Вчера светило солнце.

 1) Было холодно.

 2) Было тепло.

 3) Сегодня идёт дождь.

5. Эта задача была лёгкая.

   1) Та задача была трудная.

   2) Он решил её.

   3) Он не решил её.

6. Дверь его комнаты открылась.

   1) Дверь соседней комнаты закрылась.

   2) Никто не вошёл.

   3) Вошёл незнакомый человек.

Ⅲ. 다음을 러시아어로 옮기시오.

1. 얼마나 정직한 사람인가!

2. 한국은 얼마나 유서 깊고 아름다운 나라인가!

3. 그들은 목숨 바쳐 조국을 적으로부터 수호했다.

4. 그녀는 마치 유령을 본 것처럼 소리를 질렀다.

러시아 속담 한 마디

Первый блин комом.
한 번 실수는 병가상사

Урок

10

Четыре желания
(Л. Н. Толстой)

네 가지 소원

1단계 | 함께 러시아 읽기

Четыре желания(Л. Н. Толстой)

Мальчик Митя весь день катался на коньках на реке, бегал по лесу на лыжах, прибежал домой весёлый, румяный и сказал отцу:
- Как весело зимой! Я люблю больше всего зиму. Я хотел бы, чтобы всегда была зима!

Отец ответил:
- Запиши своё желание в мою карманную книжку.

Митя записал своё желание в книжку отца и опять побежал гулять.

Пришла весна. Митя бегал по полю за бабочками, рвал прекрасные весенние цветы, прибежал к отцу и сказал:
- Какая прелесть эта весна! Нет ничего лучше! Я бы очень хотел, чтобы всегда была весна!

Отец дал Мите свою карманную книжку и сказал, чтобы Митя записал в неё своё желание.

Наступило лето. Отец Мити пошёл работать в поле и взял мальчика с собой. Весь длинный летний день. Митя веселился: он ловил рыбу в реке, собирал в лесу грибы и ягоды, а вечером сказал отцу:
- Какой сегодня чудесный день! Как хорошо летом! Это самое прекрасное время года! Я желал бы, чтобы всегда было лето!

Это желание Мити отец тоже записал в свою карманную книжку.

Пришла осень. Вся семья собирала в саду урожай: красные яблоки и жёлтые груши. Митя был очень доволен и сказал отцу:
- Осень лучше всех времён года! Я хочу, чтобы всегда была

осень!

Тогда отец взял свою карманную книжку и показал Мите, что он говорил то же самое и о весне, и о лете, и о зиме.

- Какое же время года самое лучшее? - спросил отец.

Митя не мог ответить.

네 가지 소원

소년 미쨔는 온 종일 강에서 스케이트를 타고, 숲에서 스키를 타고나서 집에 신이 나서 홍조를 띤 채 집에 돌아와서 아버지에게 말했다.

– 겨울은 정말 즐거워요! 저는 겨울이 가장 좋아요. 항상 겨울이었으면 좋겠어요!

아버지가 대답하였다.

– 내 수첩에 네 소원을 쓰렴.

미쨔는 자기 소원을 아버지 수첩에 쓰고, 다시 놀기위해 달려나갔다.

봄이 왔다. 미쨔는 나비를 잡으러 들판을 달렸다. 예쁜 봄 꽃을 따고 아버지에게 달려와서 말햇다.

- 이 봄은 정말 매력적이예요! 더 좋은 건 없어요! 항상 봄이었으면 정말 좋겠어요!

아버지는 자신의 수첩을 미쨔에게 내밀며 거기에 소원을 적으라고 미쨔에게 말했다.

여름이 왔다. 미쨔의 아버지는 들판에 일하러 갔다가 소년을 데려왔다. 기나긴 여름 날 온종일 미쨔는 즐겁게 놀았다. 강에서 낚시를 하고 숲에서 버섯을 땄다. 저녁에 아버지에게 말했다.

- 오늘 정말 멋진 날이었어요1 여름은 정말 좋아요! 일년 중 가장 좋은 계절이에요! 항상 여름이었으면 좋겠어요!

아버지는 미쨔의 이 소원을 자기 수첩에 또 적었다.

가을이 왔다. 온 가족이 모여 정원에서 빨간 사과와 노란 배를 땄다. 미쨔는 매우 만족해서 아버지에게 말했다.

- 가을이 일년 중 최고에요! 항상 가을이었으면 좋겠어요!

그때 아버지는 수첩을 꺼내서 미쨔에게 봄에 대해서도, 여름에 대해서도, 겨울에 대해서도 똑같이 이야기 한 것을 보여 주었다.

- 도대체 어느 계절이 최고인 거니? -아버지가 물었다.

미쨔는 대답을 하지 못했다.

2단계 | 러시아어 단어&숙어 익히기

кататься на коньках 스케이트를 타다
кататься на лыжах 스키를 타다
румяный 홍조를 띤
записывать/записать 적어두다, 기록하다
желание 희망
карманная книжка 수첩
бабочка 나비
рвать 세게 잡아당기다, 따다, 뜯다
весенние цветы 봄꽃
прелесть 매력
наступать / наступить 닥쳐오다, 도래하다
взять с собой 가지고 가다, 데려가다
летний 여름의
веселиться 즐기다
собирать / собрать 모으다
гриба 버섯
ягода 들딸기
желать / пожелать 바라다
урожай 수확, 추수
яблоко 사과
груша 배
доволен 만족하다(довольный의 단어미 남성형)
время года 계절
показывать / показать 보여주다
тот же самый 동일한

3단계 | 러시아어 문법 배우기

형용사 비교급

비교급은 단순 비교급(интереснее, слабее)과 합성 비교급(более интересный, более слабый)이 있다.

1) 단순 비교급
   단순 비교급은 접미사 -ee (-ей)를 붙여 만든다.
   сильный - сильнее (сильней)
   тёмный - темнее (темней)
   слабый - слабее (слабее)
   прямой - прямее (прямей)
   светлый - светлее (светлей)

   г, к, х어간을 가진 형용사와 д, т, ст 어간을 가진 형용사는 비교급 접미사 -e를 붙인다. 이때 자음 전이가 일어난다.
   дорогой - дороже, молодой - моложе
   строгий - строже, твёрдый - твёрже
   крепкий - крепче, богатый - богаче
   громкий - громче, крутый - круче
   тихий - тише, толстый - толще
   сухой - суше, чистый - чише
   дешёвый - дешевле
   низкий - ниже, близкий - ближе
   высокий - выше, короткий - короче
   узкий - уже, редкий - рсжс

   плохой, хороший, маленький는 형용사의 어근과 상이한 특별한 비교급 형태를 갖는다.

плохой - хуже, хороший - лучше
маленький - меньше

2) 합성 비교급

우등 비교급일 경우, более를 열등 비교급일 경우 менее를 붙인다. 모든 형용사는 합성 비교급을 사용할 수 있다.

интересный - более интересный, менее интересный
дорогой - более дорогой, менее дорогой
молодой - более молодой, менее молодой
строгий - более строгий, менее строгий
твёрдый - более твёрдый, менее твёрдый

접미사 -ск , -ов, -ев를 가진 형용사와 일부 형용사(раний, горький, усталый 등)는 합성비교급만 사용 가능하다.

массовый - более массовый, менее массовый
ранний - более ранний, менее ранний
усталый - более усталый, менее усталый
дружеский - более дружеский, менее дружеский

3) 비교급 사용

단순 비교급일 경우엔 비교대상은 чем+ 주격 또는 생격을 사용한다.
합성비교급일 경우에는 비교대상은 чем+ 주격만 사용한다.

Эта книга интереснее, чем та (того).
Эта книга более интересна, чем та.
이 책은 저 책보다 더 재미있다.

Кавказские горы выше, чем Уральские (Уральских).
Кавказские горы более высокие, чем Уральские.
카프카즈 산이 우랄 산보다 더 높다.

Сестра моложе на 3 года, чем я(меня).
여동생은 나보다 세 살 어리다.
Сестра более прилежна, чем брат.
여동생이 오빠보다 더 부지런하다.
Брат менее прилежен, чем сестра.
오빠는 여동생보다 덜 부지런하다.

형용사 최상급

최상급은 단순최상급(красивейший, интереснейший)과 합성최상급(самый интересный, самый красивый)이 있다.

1) 단순최상급

   단순 최상급은 접미사 -айш-(великий -величайший), -ейш-(сильный -сильнейший)를 붙여 만든다.

   어간이 г, к, х일 경우 접미사 -айш-를 붙이며 이때 자음전이가 일어난다:

   г-ж, к-ч, х-ш

   строгий - строжайший

   высокий - высочайший

   тихий - тишайший

   어간이 г, к, х가 아닌 경우에는 접미사 -ейш-를 붙인다.

   красивый - красивейший

   новый - новейший

   старый - старейший

   сильный - сильнейший

   простой - простейший

   богатый - богатейший

   злой - злейший

일부 형용사는 접미사 -ш-를 붙여 최상급을 만든다. 이때 어간이 변화한다.

хороший - лучший

плохо́й - худший

высокий - высший (высочайший)

низкий - низший

маленький - меньший

다음의 형용사들은 단순 최상급 형태를 갖지 않는다: больной, ранний, деловой, дружеский, узкий, гибкий, молодой, родной 등

2) 합성최상급

합성최상급은 самый와 결합하여 만든다: самый сильный, самый ранний

*** 비교급과 비교대상 всех 표현은 최상급의 의미를 갖는다.

самый интересный - интереснее всех 가장 재미있는

самый молодой - моложе всех 가장 젊은

Я люблю больше всего зиму. 나는 겨울을 가장 사랑한다.

3) 최상급의 사용

최상급은 피수식어의 성, 수, 격에 일치한다.

сильнейший (самый сильный) пловец

сильнейшая (самая сильная) комната

сильнейшие (самые сильные) команды

Он играет в сильнейшей (самой сильной) футбольной команде.

그는 가장 강한 축구 팀에서 뛰고 있다.

최상급을 강조하기 위해 다음의 표현을 함께 사용하기도 한다.
《바이칼 호수가 세상에서 가장 깊은 호수이다》의 문장을 예로 들어 살펴보자.
- 생격

    Озеро Байкал - глубочайшее озеро мира.
- в+전치격

    Озеро Байкал - глубочайшее озеро в мире.
- из+복수 생격

    Озеро Байкал - глубочайшее озеро из озёр мира
- среди+복수 생격

    Озеро Байкал - глубочайшее озеро среди озёр мира

4단계 | 러시아어 표현 따라잡기

- **записать 표현**
  Студенты записывают лекцию.
  학생들은 강의 내용을 받아 적고 있다.
  Нужно записать выступления конференции на плёнку.
  회의 연설을 테이프에 녹음해야 한다.
  Родители записали меня в школу.
  부모님은 나를 학교에 입학시켰다.

- **брать / взять 표현**
  взять с собой 가지고 가다, 데려가다
  взять на себя ответственность 책임을 지다
  взять в расчёты 계산하다
  взять на учёт 등록하다
  взять во внимание 주의하다, 고려하다
  взять начало 시작하다
  взять пример 예를 들다

5단계 | 러시아어로 말하기

Диалог 1 : Прогноз погоды

Алла : Какая плохая погода!
Дмитрий : Да, идёт дождь с грозой.
Алла : Ты слышал прогноз погоды на завтра?
Какая завтра будет погода?
Дмитрий : По радио сказали, что будет солнце.
Алла : Сколько градусов днём?
Дмитрий : Плюс 25 градусов.

Диалог 2: Зимний холод

Зина : Просто удивительно, до чего холодно?
Василий : Что ж тут удивительного?
Бюро погоды сообщают, что похолодание объясняется вторжением холодных масс воздуха с Баренцова моря.
Завтра будет ещё холоднее.
Наступил так называемый собачий холод.
Зина : Дети ходят в школу?
Василий: Конечно, нет.
Их не пускают гулять, и они томятся дома.
Зина : Я совершенно не люблю зиму, хотя я очень люблю, когда идёт снег.
Василий : Óчень жаль, в эту зиму мало снега. Поэтому пожилые люди беспокоются.
Зина : Почему?

Василий : В России считают, что зима без снега - лето без хлеба.
Зина : У нас в Корее тоже говорят так: Зима без снега - очень без хорошего урожая.

Диалог 3: Наступила осень.

Зина : Наконец, наступила осень.
Василий : Ты любишь осень?
Зина : Да, очень люблю.
Осенью небо голубое, лес очень красивый.
У вас осенью какая погода?
Василий : У нас осенью обычно прохладно.
А когда осенью стоит тёплая погода с солнцем, такое время называется бабье лето.
Зина : Бабье лето?! Я поняла.
В Корее говорят "Ныттоуй". Ну, осенью небо высокое и лошадь станет толстой.

6단계 | 러시아어 연습마당

I. 다음 질문에 러시아어로 답하시오.

1. Почему Митя сказал отцу, что он хотел бы, чтобы всегда была зима,

2. Мите понравилась весна. Почему, Что он сказал?

3. Что делал Митя летом? Что записал отец в свою карманную книжку?

4. Почему Митя сказал отцу, что осень лучше всех времён года?

5. Как вы думаете, почему отец просил сына записатьсвои желания в карманную книжку?

6. Опишите время года, которое вам больше всего нравится.

II. 다음 빈 칸에 비교급 형태를 넣으시오.

1. Ночь становилась всё _____ (тёмный).

2. С каждым днём подъём в гору становился _____ (крутой).

3. Тропинка становилась всё _____ и скоро совсем пропала (узкий).

4. Приближалась весна. Дни становились _____, ночи становились (длинный, короткий).

5. Задача оказалась _____, чем мы думали (трудный).

6. Мы смотрели в окно вагона, и перед нами открывались картины одна другой _____ (интеесный).

7. С каждой минутой его речь становилась _____ и _____ (уверенный, спокойный).

III. 다음 빈 칸에 최상급 형태를 넣으시오.

1. Пушкин - _____ русский поэт (великий).

2. Прямая - _____ расстояние между двумя точками (короткий).

3. МГУ - _____ университет страны (старый).
4. Енисей - _____ река России (многоводный).
5. Кузбас - _____ месторождение угля в России (крупный).

Ⅳ. 다음을 러시아어로 옮기시오.

1. 에베레스트산은 세상에서 가장 높은 산이다.

2. 너는 어떤 계절을 가장 좋아하니?

3. 오늘 일기예보에서 비가 온다고 했어. 우산 챙겨라.

4. 나는 기억력이 나빠서 메모를 반드시 해야 한다.

5. 차이꼽스끼는 가장 위대한 작곡가이다.

6. 그는 나보다 5살 더 많다.

러시아 속담 한 마디

Конец - делу венец.
유종의 미

Урок

11

Петербург

뻬쩨르부르그

🔵 1단계 | 함께 러시아 읽기

Петербург

Петербург - лучшее творение Петра Первого - поразительный и таинственный город. В мире есть только несколько городов, подобных ему: не выросших естественно из старой крепости, а созданных волей одного человека.

Почему именно на этом месте Пётр Первый решил построить новый город? На эту территорию славяне начали приходить ещё в VIII-IX веках. Они приходили с юга и поселялись небольшими посёлками между другими пленами, уже жившими там. Жили они мирно и дружно, постепенно все слились в один народ. Племена занимались охотой, рыбаловством, судоходством, разными ремёслами и самое главное - торговлей, используя реки, заливы и каналы. Эта земля была известна своим богатством. Край был богат лесом, пушниной, мёдом, льном, а также имел огромную стратегическую важность. Для России это было окно в Европу, а для немцев и шведов - путь на юг и восток. С XIII века за владение этой богатой землёй начались войны. В результате этих войн Россия потеряла выход к Балтийскому морю. Рижскому заливу, реке Неве, а это означало изоляцию России от европейских государств.

В 1862 году царём стал Пётр Первый. С этого момента начался новый период в истории России. Молодой царь сразу понял необходимость для России получить доступ к морю. В 1700 году началась 20-летняя Северная война со Швецией. А весной 1702 года, Пётр Первый захватил небольшой участок этой территории и решил строить здесь крепость. Плавая на корабле по Неве, Пётр

Первый с удовольствием осматривал её берега. Ему очень нравился вид: сильное течение дикой реки, сотни островов, десятки каналов. «Чудесное место! Настоящий рай!» Так царь принял решение заложить в этом месте крепость как защиту от шведов.

Первоначально Пётр Первый не думал о строительстве домов в этом районе. Он начал с построения крепости на острове Заячий и дал ей имя Святого Петра. Позднее это имя получил весь город. Однако Пётр Первый решил, что это идеальное место для строительства новой столицы России, которая должна быть стать символом проводимых царём решительных реформ. Пётр Первый не любил Москву, в детстве ему пришлось пережить много страшных и незабываемых минут в старой столице. Поэтому со свойственным ему энтузиазмом Пётр Первый взялся за строительство своей новой столицы. Город стоял на прекрасной реке Неве, близко к морю и напоминал Петру Первому европейские Амстердам и Венецию. Были приглашены лучшие талантливейшие европейские архитекторы. Пётр Первый не жалел денег. Город рос неповторимо прекрасным и величественным, но в то же время не терящим связи с традициями русского градостроительства.

뻬쩨르부르그

뽀뜨르 1세의 가장 훌륭한 창조물인 뻬쩨르부르크는 매력적이고 신비로운 도시이다. 고대 요새에서 자연스럽게 발전하지 않고 한 사람의 의지에 의해 만들어진, 뻬쩨르부르크와 같은 도시는 전세계에 몇 개 있을 뿐이다.

왜 뽀뜨르 1세는 바로 이곳에 새로운 도시를 건설하기로 결정한 것인가? 슬라브인들은 8-9세기에 이 지역에 오기 시작하였다. 그들은 남쪽에서 왔으며, 그곳에 이미 거주하고 있던 다른 부족들 사이에서 작은 부락을 이루며 정착하였다. 그들은 평화롭고 친하게 살았으며, 점차적으로 하나의 민족으로 융합되었다. 부족들은 사냥, 어획, 항해, 다양한 수공업 등에 조사했고, 주로 강, 만, 운하를 이용해, 무역을 했다. 이 땅은 풍요로움으로 유명하였다. 지역은 산림, 밀, 꿀, 아마가 풍부하였고, 또한 커다란 전략적 중요성을 갖고 있었다. 러시아에 있어 이 지역은 《《유럽으로의 창》》이었고, 독일인과 스웨덴인에게는 남과 동으로 가는 길이었다. 13세기부터 이 풍요로운 땅을 차지하기 위한 전쟁이 시작되었다. 전쟁의 결과 러시아는 발틱해로, 리가만과 네바강으로 나가는 출구를 잃어 버렸다. 이는 러시아가 유럽국가로부터 고립되는 것을 의미하였다.

1862년 뽀뜨르 1세가 황제가 되었다. 이 시점부터 러시아 역사상 새로운 시기가 시작되었다. 젊은 황제는 러시아가 해상 진출권을 얻어야 할 필요성을 즉각 이해했다. 1700년에 스웨덴과의 20년 동안 계속된 북방전쟁이 시작되었다. 1702년에 뽀뜨르 1세는 이 지역의 작은 영토를 점령한 후 이곳에 요새를 건설하기로 결정하였다. 뽀뜨르 1세는 네바 강을 배로 항해하면서 만족스럽게 강가를 바라보았다. 그는 강가의 전경이 몹시 마음에 들었다. 거친 강의 센 물줄기, 수 백 개의 섬, 수 십 개의 운하... 《《경이로운 곳이구나! 진정한 낙원이다!》》 그래서 황제는 이 곳에 요새를 스웨덴인으로부터의 방어막으로 건설하기로 결정하였다.

처음에는 뽀뜨르 1세는 이 지역에 주택 건설은 생각하지 않았다. 그는 자야치 섬에 요새 건설부터 시작하였고, 그 섬에 성 뽀뜨르라는 이름을 하사하였다, 후에 전 도시가 이 이름을 얻었다. 그런데 뽀뜨르 1세는 이곳이 황제가 행하는 결정적인 개혁의 상징이 되어야 하는 러시아 수도 건설의 이상적인 장소라는 결론을 내렸다. 뽀뜨르 1세는 모스크바를 좋아하지 않았다. 어린 시절 그는 구 수도에서 무섭고도 잊을 수 없는 많은 일을 겪어야 했기 때문이다. 그래서 개

인적인 열정을 갖고 새로운 수도 건설에 착수하였다. 도시는 아름다운 네바 강가에, 바다 가까이에 세워져 있어서 뾰뜨르 1세에게 암스테르담과 베네치아를 연상시켜 주었다. 가장 훌륭한 재능있는 건축가들이 초대되었다. 뾰뜨르 1세는 자금을 아끼지 않았다. 도시는 독특하게 아름답고 위대한 도시로 성장했으며, 동시에 러시아 도시 전통과의 명맥을 잃지 않았다.

2단계 | 러시아어 단어&숙어 익히기

творение 창조, 창조물
поразительный 인상적인, 놀랄 만한
таинственный 비밀스러운, 신비로운
подобный (+ кому, чему) –와 유사한
выросший 성장한 (вырасти의 능동형동사 과거형)
естественно 자연스럽게
созданный 만들어진 (создать의 피동형동사 과거형)
воля 의지
живший 살았던 (жить의 능동형동사 과거형)
сливаться / слиться –에 합류하다, –로 통합되다
заниматься охотой 사냥에 종사하다
заниматься рыбаловством 어업에 종사하다
заниматься судоходством 항해하다
заниматься разными ремёслами 다양한 가공업에 종사하다
заниматься торговлей 무역에 종사하다
используя 사용하면서 (использовать의 부동사 현재형)

залив 만
канал 운하
известный (+ чем) -로 유명한
богатство 부
край 가장자리, 끝, 영토
богат(+чем) -로 풍부하다
пушнина 모피류
мёд 꿀
лён 아마 *ё는 출몰모음 (단수 생격) льна
стратегический 전략적인
немец 독일인
швед 스웨덴인
за (+ что) -를 위하여
владение (+ чем) 소유
в результате (+ чего) -의 결과로
терять / потерять 잃다
означать 의미하다
изоляция (+ от кого, чего) 고립
получить доступ (+ к чему) -로 진출하다
захватывать/ захватить 점령하다, 차지하다
участок 구역
плавая 항해하면서 (плавать의 부동사 현재형)
осматривать / осмотреть 구경하다, 둘러보다
настоящий 현재의, 진짜의
рай 천국
принять решение 결정을 내리다
закладывать / заложить 쌓다, 닦아놓다
дать (+ кому, чему) имя 이름을 부여하다
проводимый 수행되고 있는 (проводить의 피동형동사 현재형)
решительный 단호한

пришлось (+ инф.) –해야만 했다
переживать/пережить 경험하다, 겪다
незабываемый 잊혀지지 않는
энтузиазм 열성
напоминать/напомнить 상기시키다
приглашены 초대된 (пригласить 피동형동사 과거 단어미 복수형)
жалеть (+чего) –를 아끼다
величественный 위대한, 장엄한
в то же время 동시에
терящий 잃은 (терять 능동형동사 현재형)
связь (+ с кем, чем) 관계
традиция 전통
градостроительство 도시건설

3단계 | 러시아어 문법 배우기

형동사 (Причастие)

형동사는 형용사와 동사의 역할을 동시에 수행한다.
'능동성'과 '수동성'의 의미적 분류에 따라 능동형동사 (Действительные причастия)와 피동 형동사 (Страдательные причастия)가 있다.

1. 능동형동사 (Действительные причастия)

1) 능동형동사 현재형 (Действительные причастия настоящего времени)
I식 동사일 경우: 동사 현재형 어간에 접미사 -ущ-, -ющ-를 붙인다.

читать --- чита-ют --- чита-ющ-ий
писать --- пиш-ут --- пиш-ущ-ий
давать --- да-ют --- да-ющ-ий

II식 동사일 경우: 동사 어간에 접미사 -ащ-, -ящ-를 붙인다.
молчать --- молч-ат --- молч-ащ-ий
говорить --- говор-ят --- говор-ящ-ий
능동 형동사 현재 남성형은 -щий, 여성형은 -щая, 중성형은 -щее, 복수형은 -щие이다.

예 Город рос неповторимо прекрасным и величественным, но в то же время не терящим связи с традициями русского градостроительства.
도시는 독특하게 아름답고 위대한 도시로 성장했으며, 동시에 러시아 도시 전통과의 명맥을 잃지 않았다.

2) 능동형동사 과거형 (Действительные причастия прошедшего времени)
동사 과거형 어간에 다음의 접두사를 붙여 만든다.
어간이 모음으로 끝날 경우: 접미사 -вш-를 붙인다.
чита-ть --- чита-л --- чита-вш-ий
писа-ть --- писа-л --- писа-вш-ий
남성형은 -вший(читавший), 여성형은 -вшая(читавшая), 중성형은 -вшее(читавшее), 복수형은 -вшие(читавшие)이다.
어간이 자음으로 끝날 경우: 접미사 -ш-를 붙인다.
нес-ти --- нёс --- нёс-ш-ий
спас-ти --- спас --- спас-ш-ий
남성형은 -ший(нёсший), 여성형은 -шая(нёсшая), 중성형은 -шее(нёсшее), 복수형은 -шие(нёсшие)이다.

*** 과거시제 어간이 모음으로 끝나지만 현재시제 어간이 д, т로 끝날 경우에는 현재시제 어간에 접미사 -ш-를 붙여 능동형동사 과거형을 만든다.

вести --- (вёл) --- вед-ут --- вед-ш-ий

расцвести --- (расцвёл) --- расцвет-ут --- расцвет-ш-ий

*** 동사 идти의 능동 형동사 과거형은 шедший이다.

예 В мире есть только несколько городов, подобных ему: не выросших естественно из старой крепости

Они приходили с юга и поселялись небольшими посёлками между другими пленами, уже жившими там

그들은 남쪽에서 왔으며, 그곳에 이미 거주하고 있던 다른 부족들 사이에서 작은 부락을 이루며 정착하였다.

2. 피동형동사 (Страдательные причастия настоящего времени)

1) 피동형동사 현재형

피동형동사 현재형은 동사의 현재형 어간에 다음의 접미사를 붙인다.

I식 동사일 경우: 접미사 -ем-을 붙인다.

читать --- чита-ем --- чиат-ем-ый

изучать --- изуча-ем --- изуча-ем-ый

II식 동사일 경우: 접미사 -им-을 붙인다

любить —- люб-им — люб-им-ый

производить —- производ-им —-производ-им-ый

*** 접미사 -ва를 갖는 동사일 경우 동사 미정형에 접미사 -ем을 붙여 만든다.

давать --- (даём) --- дава-ем-ый

признавать --- (признаём) --- признава-ем-ый

*** пить, бить, мыть, шить, лить, брать, ждать, писать 등의 동사는 피동형동사 현재형을 갖지 않는다.

> **예** Однако Пётр Первый решил, что это идеальное место для строительства новой столицы России, которая должна быть стать символом проводимых царём решительных реформ.
> 그런데 뾰뜨르 1세는 이곳이 황제가 행하는 결정적인 개혁의 상징이 되어야 하는 러시아 수도 건설의 이상적인 장소라는 결론을 내렸다.

2) 피동형동사 과거형(Страдательные причастия прошедшего времени)
   완료상 동사 과거형 어간에 다음의 접두사를 붙여 만든다.
   어간이 모음으로 끝날 경우: 접미사 -нн- 또는 -т-를 붙인다.
   прочитать --- прочита-л --- прочита-нн-ый
   напистрь --- написа-л --- написа-нн-ый
   взять --- взя-л --- взя-т-ый

   어간이 자음 또는 -и-로 끝날 경우: 접미사 -ённ-, -енн-를 붙인다.
   принести --- принёс --- принес-ённ-ый
   спасти --- спас --- спас-ённ-ый
   изучить --- изучи-л --- изуч-енн-ый
   встретить --- встрети-л --- встреч-енн-ый (이 경우 т - ч 자음 전이가 일어남)

   * * * 접미사 -т-를 갖는 경우:

(1) 접미사 -ну-를 갖는 경우
    свергнуть - свернутый
    покинуть - покинутый

(2) -оть 동사의 경우
    приколоть - приколотый
    распороть - распоротый

(3) -ереть 동사의 경우 (동사 과거 시제 어간에 접미사 -т-를 붙임)
запереть - запер - запертый
вытереть - вытер -вытертый

(4) 주로 단음절 동사의 경우
бить - битый
мыть -мытый
взять- взятый
снять -снятый
занять - занятый
понять - понятый

*** 과거시제 어간이 모음으로 끝나지만 미래시제 어간이 д, т로 끝날 경우에는 미래시제 어간에 접미사 -ённ-, -енн-을 붙여 능동형동사 과거형을 만든다.
привести --- (привёл) --- привед-ут --- привед-ённ-ый
изобрести --- (изобрёл) --- изобрет-ут --- изобрет-ённ-ый
*** 불완료상 동사의 경우 피동형동사 과거형이 사용되지 않는다.
예외) виденный, слышанный, читанный

예 В мире есть только несколько городов, подобных ему: не выросших естественно из старой крепости, а созданных волей одного человека
고대 요새에서 자연스럽게 발전하지 않고 한 사람의 의지에 의해 만들어진, 뻬쩨르부르크와 같은 도시는 전세계에 몇 개 있을 뿐이다.
Были приглашены лучшие талантливейшие европейские архитекторы.
유럽 최고의 가장 재능있는 건축가들이 초대되었다.

4단계 | 러시아어 표현 따라잡기

● **в результате + чего 표현 '-의 결과로'**
в результате + чего는 '-의 결과로'의 표현을 나타내며, 긍정적, 부정적 원인 모두에 사용된다.
В результате этих войн Россия потеряла выход к Балтийскому морю. Рижскому заливу, реке Неве.
이 전쟁의 결과 러시아는 발틱해, 리가만, 네바강으로 가는 출구를 잃었다.
Не менее трех десятков человек погибли в результате терактов в Ираке в пятницу.
금요일 이라크에서의 테러로 30명 이상의 사람이 죽었다.
В результате роста инвестиций, капитал будет постепенно расти до сих пор.
투자 증대로 지금까지 자본이 점차적으로 증가하고 있다.

● **взяться за 표현 '-를 시작하다'**
Пётр Первый взялся за строительство своей новой столицы.
뽀뜨르 1세는 새로운 수도 건설에 착수하였다.
Вы взялись за инвестиционный проект, но не можете завершить?
당신은 투자사업을 시작했지만, 마칠 수 없습니까?
У нас нет времени, пора взяться за работу.
우리는 시간이 없다. 일을 시작해야 할 때이다.

● **пришлось + инф. 표현 '-해야했다'**
приходится/приходилось, придётся/пришлось는 당위성을 나타내는 표현으로 의미상 주체는 여격으로 나타나고 동사원형과 결합한다.
Пётр Первый не любил Москву, в детстве ему пришлось пережить много страшных и незабываемых минут в старой столице.
뽀뜨르 1세는 모스크바를 좋아하지 않는다. 어린 시절 그는 구수도에서 무섭고도 잊을 수 없는 많은 일을 겪어야 했기 때문이다.

Мне приходится изучать русскую истоию.
나는 러시아 역사를 공부해야 한다.
Нам придётся активно реагировать на глобальное потепление.
우리는 지구온난화에 적극적으로 대처해야 한다.

- пережить 표현

В детстве ему пришлось пережить много страшных и незабываемых минут в старой столице.
어린 시절 그는 구수도에서 무섭고도 잊을 수 없는 많은 일을 겪어야 했기 때문이다.
Во время валютно-финансового кризиса мы пережили много трудностей.
외환위기 때 우리는 많은 어려움을 겪었다.
Сейчас мир переживает третий экономический кризис
지금 세계는 제 3의 경제위기를 겪고 있다.

- напомнить, вспомнить 표현

напоминать / напомнить
Город стоял на прекрасной реке Неве, близко к морю и напоминал Петру Первому европейские Амстердам и Венецию
도시는 아름다운 네바 강가에, 바다 가까이에 세워져 있어서 뽀뜨르 1세에게 암스테르담과 베네치아를 연상시켜 주었다.
Это напоминает настоящий бой.
이것은 실전을 연상케 했다.

вспоминать / вспомнить
Для реагирования на будущее время важно вспоминать прошлое.
미래에 대응하기 위해 과거를 돌아보는 것이 중요하다.
Он вспоминает о своём детстве.
그는 자신의 어린 시절을 회상한다.

Урок 11 Петербург

5단계 | 러시아어로 말하기

Дталог 3 : Экскурсия в Петербург

Нора : Извините, пожалуйста, вы коренной петербуржец?

Прохожий : Да.

Нора : Я туристка. Вы могли бы ответить мне на несколько вопросов?

Прохожий : С удовольствием.

Нора : Скажите, что по-вашему, стоит посмотреть в Петербурге в первую очередь?

Прохожий : По-моему, прежде всего вам надо совершить экскурсию по городу, побывать в Казанском соборе, в Петропавловской крепости, в Петергофе, и посетить Эрмитаж.

Нора : Куда вы посоветуете пойти в субботу?

Прохожий : Мне кажется, что в субботу лучше всего пойти в Кировский театр.

Нора : В Петербурге много парков?
Я хочу погулять по парку.

Прохожий : Да, много.
Но я советую вам пройтись по Невскому проспекту, сходить в магазины и в кафе...

Нора : Большое спасибо. До свидания.

Диалог 4 :

Игорь : Знакомство с Петербургом лучше всего начать с этого места.

Посмотри, Елена, какой чудесный вид слева - Петропавловская крепость, впереди Нева.

Елена : Замечательно! Игорь, а где же Медный всадник?

Игорь : На другом берегу Невы.

Сейчас мы туда пойдём.

Посмотри направо, вот и Медный всадник, памятник Петру I.

Елена : Чудесно! Игорь, змея - это, наверное, символ врагов Петра I.

Игорь : Совершенно верно. А теперь идём к Иссакиевскому собору.

Он совсем рядом.

Елена : Как блестит купол на солнце!

Игорь, давай подойдём поближе к Зимнему дворцу.

Игорь : В Зимнем дворце расположен Эрмитаж, крупнейший музей во всём мире.

6단계 | 러시아어 연습마당

Ⅰ. 다음 질문에 러시아어로 답하시오.

1. Чем занимались племена, жившие на месте современного Петербурга?
2. Почему ещё в XIII веке велись войны за эти земли?
3. Для чего Петру Первому был нужен доступ к морю?
4. Почему Пётр Первый решил строить новую столицу на севере?
5. Как строился город?
6. Опишить местоположение Пеиербурга.
7. Расскажите о достопримечательностях города.

Ⅱ. 다음 문장을 보기처럼 바꾸시오.

Образец: Завод выполняет план.

　　　　　Завод, выполняющий план.

　　　　　План, выполняемй заводом.

1. Рабочие посещают клуб.
2. Газета публикует объявления.
3. Переводчик переводит статью.
4. Преодаватель проверяет письменные работы.
5. Ученики любят учителя.
6. Завод производит станки.
7. Студент сдаёт экзамен.
8. Человек познаёт мир.

9. Луна освещает море.

10. Овраг пересекает поле.

Ⅲ. 다음 문장을 보기처럼 바꾸시오.

Образец: Читатель возвратил книгу.

Читатель, возвративший книгу.

Книга, возвращённая читателем

1. Докладчик внёс предложение.
2. Собрание приняло решение.
3. Художник нарисовал портрет.
4. Колхозники посеяли рожь.
5. Учёный открыл закон.
6. Геологи нашли железную руду.
7. Портной сшил костюм.
8. Студент сдал экзамен.
9. Артист спел арию.
10. Друг забыл книгу.
11. Солдат зарядил винтовку.
12. Мать мыли посуды.

Ⅳ. 다음을 러시아어로 옮기시오.

1. 세계는 협력하여 경제위기를 극복해야 한다.

2. 러시아는 경제개혁의 결과 큰 성공을 거두었다.

3. 한국은 작년에 유가상승과 원자재 가격 인상의 어려움을 겪었다.

4. 비빔밥은 무엇을 생각나게 하나요?

5. 뻬쩨르부르그는 독특한 아름다움을 지닌 동시에 러시아 도시 전통과의 명맥을 잃지 않은 도시이다.

러시아 속담 한 마디

Волков бояться - в лес не ходить.
산에 가야 범을 잡지

Урок

12

Русские сувениры

러시아 기념품 이야기

●● |1단계 | 함께 러시아 읽기

Русские сувениры

Редкий иностранец уедет из России, не купив русский сувенир. В сувенирах отражается история народа, его культура, национальные традиции. Из века в век, из поколения в поколение передаётся искусство создания предметов из дерева, кожи, керамики. Расскажем о некоторых русских сувенирах.

Хохлома. Недалеко от города Нижний Новогород, который стоит на великой русской реке Волге, есть село Хохлома, с давних времён оно известно на Руси. Здесь делают необыкновенно красивую деревянную посуду. В Хохломе научились её очень красиво расписывать. Эта посуда имеет особый «золотой» цвет и очень красивый рисунок. Мастера имеют свои секреты и эти свои секреты передают только своим детям. Хохломская посуда уникальна и очень практична.

Матрёшка. А вот без этого сувенира не уехал из России ни один её гость. Многие считают матрёшку древней игрушкой. Но на самом деле матрёшка появилась только в конце XIX века, в руки художников попала деревянная японская кукла. В большой фигурке было несколько маленьких - целая семья. Идея создания куклы очень понравилась. Пригласили хорошего мастера, вручную была сделана первая модель - деревенская девочка. Ей дали деревенское имя - Матрёна, Матрёшка. Прошли годы, и у Матрёшки появилось множество братьев и сестёр, которые разъехались по всему миру. В любом доме матрёшки создают особое весёлое и прздничное настроение, радует и детей, и взрослых.

Гжель. Гжель - это место к юго-востоку от Москвы, традиционный центр керамической промышленности. Уже в XVII веке тут нашли прекрасную глину удивительной белизны, из которой начали делать различные изделия. Но при слове «гжель» мы прежде всего представляем себе своеобразную, непохожую ни на какую другую чудесную бело-голубую посуду. Она удивляет людей своей простотой и загадочностью.

Путь развития этого промысла был непрост. В начале XX века Гжель пережила кризис. Старые художники умирали, секреты забывались. Но в последующие десятилетия этот промысел стал возрождаться. Белые с синим тарелки и чайники, вазы, сахараницы, маслёнки, кувшины (фирма «Гжель» выпускает 350 наименований разных изделий) украсят любой дом. Русские гордятся гжелью. Это ценность реальная, проверенная веками. Сейчас она - в зените славы.

러시아 기념품

러시아 기념품을 사지 않고 러시아를 떠나는 외국인은 거의 없다. 기념품에는 민족의 역사와 문화, 전통이 반영되어 있다. 수 세기, 세대에서 세대로 목공품, 가죽, 도자기 제품 제작 기술이 전수되어 왔다. 러시아 기념품에 대해 이야기 해보자.

호흘로마. 위대한 러시아 볼가 강가에 위치한 니쥐니 노보고로트 도시에서 멀지 않은 곳에 호흘로마 마을이 있다. 고대부터 루시에서 유명한 곳이다. 이곳에서 아주 아름다운 목기를 만든다. 호흘로마에서 목기에 아름답게 세공하는 법을 배웠다. 이 목기는 특별한《황금색》과 매우 아름다운 그림을 담고 있다. 장인들은 자신의 비법을 갖고 있으며, 그 비법을 자손들에게만 전수했다. 호흘로마 목기는 아주 독특하며 실용적이다.

마뜨료쉬까. 마뜨료쉬까를 사지 않고 러시아를 떠나는 손님은 단 한 명도 없다. 많은 사람들이 마뜨료쉬까를 고대 러시아의 인형으로 생각하고 있다. 그러나 실제로 마뜨료쉬까는 19세기 말에 등장했다. 고대 일본의 인형이 예술가들 손에 들어온 것이다. 큰 몸통 속에 몇 개의 작은 것들이, 일가족이 들어있다. 훌륭한 장인을 초대해서, 수공으로 시골 소녀를 첫 번째 모델로 만들었다. 마뜨료나, 마뜨료쉬까라는 시골이름을 부쳤다. 세월이 흘러 마뜨료쉬까에게 많은 형제, 자매가 생겨났고, 전 세계로 퍼져 나갔다. 모든 가정에서 마뜨료쉬까는 즐겁고 축제와 같은 특별한 분위기를 만들어주고, 어른과 아이들 모두에게 기쁨을 준다.

그젤. 그젤은 모스크바에서 남동쪽에 위치한 곳으로 전통적으로 요업 중심지였다. 17세기에 이곳에서 경이로운 하얀 빛의 아름다운 점토를 발견했다.《그젤》이라는 명칭에서 먼저 우리는 다른 도기와는 완전히 다른 매력적인 백청 도기를 떠올린다. 이 도기는 단순함과 신비로움으로 사람들을 매료시키고 있다.

이 수공업의 발전 과정은 순탄치 않았다. 20세기 초에 그젤은 위기를 겪었다. 과거의 장인들이 사망하고 비법이 잊혀져 갔다. 그러나 1910년대에 다시 부활하기 시작하였다. 백청 접시, 다기, 화병, 설탕그릇, 버터통, 주전자 (《그젤》사는 350 여종의 다양한 제품을 생산한다) 등은 모든 집을 장식하고 있다. 러시아인들은 그젤에 대해 자부심을 갖고 있다. 이는 실제적이고 수 세기 동안 검증된 그젤의 가치이다. 오늘날 그젤은 그 영광의 절정에 있다.

2단계 | 러시아어 단어&숙어 익히기

сувенир 기념품
отражаться /отразиться (в чём) –에 반영되다
из века в век 세기에 걸쳐
из поколения в поколение 대대로
передаваться / передаться 전달되다
искусство создания предметов 제조기술
кожа 가죽
керамика 도자기
с давних времён 오래 전부터
необыкновенно 비범하게
деревянный 나무의
посуда 그릇
расписывать/ расписать 세공하다
рисунок 그림
практичный 실용적인
игрушка 장난감
на самом деле 실제로
появляться / появиться 나타나다
попасть в руки 손에 들어오다
фигурка 모습
вручную 손으로, 수공으로
разъехаться по всему миру 전 세계로 퍼지다
керамическая промышленность 도자기업, 요업
белизна 하얀색
различный 다양한
изделие 제품
представлять себе 상상하다
своеобразный 독특한

простота 단순함
загадочночть 신비성
промысл 수공업
пережить кризис 위기를 겪다
возрождаться / возродиться 재탄생하다
тарелка 접시
чайник 찻잔
ваза 화병
сахараница 설탕그릇
маслёнка 버터통
кувшин 주전자
выпускать/ выпустить 출고하다, 생산하다
наименование 명칭
ценность 가치
проверенный проверить(검토하다, 검증하다)의 피동형동사 과거 남성형
в зените славы 영광의 절정에 있다

3단계 | 러시아어 문법 배우기

피동 형동사 과거형 만들기

피동 형동사 과거형은 완료상 동사의 원형에 접미사 -нн-, -енн-, -т-를 붙여서 만든다.

1) 어간이 모음으로 끝날 경우: -нн- -т-
   прочитать - прочитанный
   видеть -виденный

взять - взятый
забыть - забытый
открыть - открытый

2) 어간이 자음이나 -и-로 끝날 경우: -енн-, -ённ-
получить - полученный
построить - построенный
спасти - спасённый

피동 형동사 단어미 만들기

피동 형동사 과거 단어미형은 장어미형에서 남성, 여성, 중성, 복수형을 만든다.
прочитать - прочитанный - прочитан (прочитана, прочитано, прочитаны)
видеть -виденный - виден (видена, видено, видены)

взять - взятый - взят (взята, взято, взяты)
забыть - забытый - забыт (забыта, забыто, забыты)
открыть - открытый - открыт (открыта, открыто, открыты)
получить - полученный - получен (получена, получено, получены)
построить - построенный - построен (построена, построено, построены)
спасти - спасённый - спасён (спасена, спасено, спасены)

피동 형동사 과거 단어미형은 현재, 과거, 미래 시제의 행위의 결과를 표현한다.
예 Дом построен.
Дом был построен.
Дом будет построен.
Выставка открыта.

Выставка была открыта.
Выставка будет открыта.

피동 형동사 단어미는 명사의 성, 수와 일치한다.
예 Дом построен.
Школа построена.
Здание построено.
Здания построены.

능동태와 수동태

능동태를 수동태로 바꿀 때, 능동태 구문의 목적어가 주어로 변형되고, 주어는 조격 형태로 표현하여 행위의 수행자를 나타낸다. 이때 주의를 기울여야 하는 것은 동사 형태의 변형이다. 능동태 구문의 동사가 불완료상일 경우 -ся 동사를 사용하고, 완료상일 경우 피동 형동사 단어미 형태를 사용한다.

능동태 구문 행위주체 (주격) + 타동사 + 직접 목적어(대격)
    Студент   изучает   историю.
    Студент   изучил   историю.

수동태 구문 행위의 대상(주격) + -ся동사(불완료상 동사) + 행위의 주체(조격)
    피동 형동사 단어미(완료상 동사)
    История   изучается   студентом.
    История   была изучена   студентом.

불완료상 동사 일 경우:
    능동태 구문 Студент изучает историю.
        Студент изучал истоию.
        Студент будет изучать историю.

수동태 구문 История изучается студенетом.
История изучалась студенетом.
История будет изучаться студенетом.

완료상 동사일 경우:

능동태 구문 Студент изучил истоию.
Студент изучит истоию.

수동태 구문 История (была) изучена студенетом.
История будет изучена студенетом.

🔵 Пригласили хорошего мастера, вручную была сделана первая модель - деревенская девочка.
훌륭한 장인을 초대해서, 시골 소녀를 수공으로 첫 번째 모델로 만들었다.

4단계 | 러시아어 표현 따라잡기

- отражаться/ отразиться (+в чём) -에 반영되다

  В сувенирах отражается история народа, его культура, национальные традиции.
  기념품에는 민족의 역사와 문화, 전통이 반영되어 있다.

  В пословицах отражается культура, традиция и моральные ценности народа.
  속담에는 민족의 문화, 전통 그리고 도덕관이 반영되어 있다.

  В игре отражается повседневная жизнь людей.
  놀이 문화에는 사람들의 일상생활이 반영되어 있다.

Урок 12 Русские сувениры

- из+чего –로 만든

    Из века в век, из поколения в поколение передаётся искусство создания предметов из дерева, кожи, керамики.
    수 세기, 세대에서 세대로 목공품, 가죽, 도자기 제품 제작 기술이 전수되어 왔다.
    Я хочу суп из мяса.
    고기 수프를 원합니다.
    Покажите, пожалуйста, платье из шёлка.
    실크 원피스를 보여주세요.

- появляться / появиться 나타나다

    На самом деле матрёшка появилась только в конце XIX века
    실제로 마뜨료쉬까는 19세기 말에 등장했다.
    Когда появились глобальные проблемы человечества?
    인류의 글로벌 문제가 등장한 시기는 언제인가?
    Как и когда появился Интернет?
    인터넷은 어떻게, 언제 출현했는가?

- создавать / создать –를 조성하다

    В любом доме матрёшки создают особое весёлое и прздничное настроение.
    모든 가정에서 마뜨료쉬까는 즐겁고 축제와 같은 특별한 분위기를 만들어준다.
    Правительство старается создать благоприятные условия для иностранных бизнесменов.
    정부는 외국인 사업가를 위한 호혜적인 조건을 만들기 위해 노력하고 있다.
    Зелёный рост позволяет создать новые рабочие места.
    녹색성장은 새로운 일자리를 창출해준다.
    Креативная экономика создаст основу для процветания и развития Кореи.
    창조경제는 한국의 번영과 발전을 위한 토대를 만들어 줄 것이다.

5단계 | 러시아어로 말하기

Диалог 1

Роман : Лена, я много слышал о дымовских игрушках, но никогда их не видел.
Какие они?

Лена : Это такие яркие глиняные фигурки.
Могут быть женские, мужские, детские фигурки.
Или даже животные.
Я покажу тебе открытки.

Роман : Я слышал, что есть свистульки, да?

Лена : Да, правльно, я Забыла.
Есть даже история о дымовских свистульках.
Кажется, в 1418 году враги подходили к селу Дымково, и дозорные свистом предупредили дымковцев об этом. М после этого в Дымковке начали делать свистульки.

Диалог 2 : В сувенирном магазине в Ростове

Анатолий : Будьте добры. Мне нужно сделать подарок.
Что вы посоветуете?

Продавщица : Подарок? Кому?

Анатолий : Моей подруге.

Продавщица : Купите CD со звоном Ростовских колоколов.
И альбом картин Ростова. Очень интересный.

Анатолий : Покажите, пожалуйста.

Продавщица : Пожалуйста. Это вам понравится.

Анатолий : Купим подруге и себе!

На память о моей поездке!

А где можно купить другие сувениры?

Продавщица : В следующем отделе.

Диалог 3: В книжном магазине

Георгий   : Простите, пожалуйста… Девушка!
Продавщица : Да, я вас слушаю.
Георгий   : Скажите, у вас Толстой есть?
Продавщица : А что вам нужно? Что вас интересует?
Георгий   : Мне нужна "Анна Каренина" и "Воскресенье".
Продавщица : "Воскресенья", к сожалению, сейчас нет.

А "Анна Каренина" есть.

Георгий   : Хорошо. А сколько стоит "Анна Каренина"?
Продавщица : 10 рублей.
Георгий   : платить вам?
Продавщица : Нет, в кассу.
Георгий   : А где она?
Продавщица : С той стороны зала.

6단계 | 러시아어 연습마당

Ⅰ. 다음 질문에 러시아어로 답하시오.

1. Почему иностранцы покупают русские сувениры?
2. Хохоломская посуда: что она собой представляет?
3. Без какого сувенира не уезжают из России ни один её гость?
4. Какую посуду называют поэтической страницей в истории русского фарфора?

Ⅱ. 다음 능동구문을 수동구문으로 바꾸시오.

1. Собрание обсуждало важные вопросы.
2. Студенты сдали последний экзамен.
3. Он закончит работу в срок.
4. На семинаре мы будем слушать доклады всех студентов.
5. Этот большой дом построили недавно.

Ⅲ. 다음 수동구문을 보기처럼 능동구문으로 바꾸시오.

1. Небо покрыто тучами.
2. В киоске продаются газеты и журналы.
3. Выставка скоро будет открыта.
4. На этом заводе производятся машины.
5. Этому важному вопросу уделялось мало внимания.

IV. 다음을 러시아어로 바꾸시오.

1. 한국음식에는 한국인의 문화와 생활상이 담겨있다.

2. 인터넷이 출현한 이후 인류의 삶은 급격하게 변했다.

3. 녹색기술은 새로운 부가가치를 창출하고 있다.

4. 과거에 한국인들은 목재가옥을 선호했다.

5. 러시아를 방문하는 외국인은 떠날 때 모두 러시아 기념품을 산다.

러시아 속담 한 마디

Лучше раз увидеть, чем сто раз услышать.
백 번 듣는 것이 한 번 보는 것만 못하다

Урок

13

Золотая рыбка
(По сказке А.С. Пушкина)

황금 물고기

1단계 | 함께 러시아 읽기

Золотая рыбка (По сказке А.С. Пушкина)

Около синего моря стоял маленький домик, в котором жил старик и старуха. Они жили очень бедно, в доме у них почти ничего не было. Каждый день старик ходил к морю, ловил рыбу, а старуха её готовила. На завтрак была рыба, на обед - рыба, на ужин - рыба.

Однажды старик поймал очень красивую рыбку. Эта рыбка была необыкновенная, она была золотая и умела говорить человеческим голосом. Старик взял рыбку в руки, а она и говорит: «Не бери меня, старик! Отпусти меня обратно в синее море. Я всё могу. Что ты попросишь, то я для тебя и сделаю».

Старик был добрым, он ничего не попросил у рыбки и отпустил её обратно в синее море. «Ничего мне не нужно», - сказал он. - «Плавай в море!» И рыбка уплыла в глубину.

Пришёл старик домой, всё рассказал старухе. Старуха рассердилась: Какой ты глупый, старик! Иди скорее к берегу, позови золотую рыбку, попроси у неё немного хлеба и новое корыто для меня. Моё корыто совсем старое и разбитое.

Старик ничего не сказал, пошёл к морю, начал звать золотую рыбку. Подплыла к нему золотая рыбка, спросила: «Что тебе нужно, старик?» Старик ответил: «Моя старуха рассердилась, послала к тебе за хлебом и новым корытом». Рыбка ответила: «Ни о чём не думай, старик, иди домой. Будет у вас и хлеб, и новое корыто».

Старик вернулся домой и видит: на столе лежит вкусный душистый хлеб, а около стола стоит новое корыто. Но старуха опять недовольна: «Глупый ты старик! Иди обратно к берегу и попроси у рыбки новый богатый дом».

Опять пошёл старик к морю, опять позвал рыбку, рассказал ей всё. Рыбка ответила ему ласково: «Иди домой, всё у тебя будет». Когда старик пришёл домой, а на месте своего старого дома он увидел новый богатый каменный дом, а в его доме сидит его старуха в новом дорогом платье, а вокруг неё бегают слуги. Подошёл старик к старухе, а она и говорит: «Иди к рыбке, скажи её, что я хочу быть царицей!». Ушёл старик, всё сделал, как сказала старуха. А когда вернулся, видит: стоит высокий дворец, вокруг дворца сад, всюду музыка играет, богатые люди вокруг ходят.

Прошло некоторое время. Опять зовёт старуха старика и говорит ему: «Иди к морю, скажи рыбке - не хочу быть царицей на земле, а хочу быть морской царицей. Хочу, чтобы все в море меня слушали, а рыбка была моей слугой».

Стал старик грустным, но пошёл к морю ещё раз. Позвал рыбку - нет её, ещё раз позвал - нет. Третий раз позвал старик рыбку. Потемнело, зашумело синее море. Наконец приплыла рыбка к берегу. Рассказал ей старик, чего хочет его старуха.

Ничего не сказала старику золотая рыбка на этот раз, отплыла от берега, махнула хвостом и ушла в глубину моря. Долго ждал на берегу старик, потом пошёл домой. Вернулся он домой и видит: стоит на берегу его старый бедный дом, а около дома сидит его старуха в рваном платье, а перед ней разбитое корыто.

황금 물고기

푸른 바닷가에 작은 집이 있었다. 그곳에는 할아버지와 할머니가 살고 있었다. 그들은 매우 가난해서, 집에는 아무 것도 없었다. 매일 할아버지는 바다에 나가 물고기를 잡았고, 할머니는 그것을 요리했다. 아침에도 물고기, 점심에도 물고기, 저녁에도 물고기를 먹었다.

어느 날 할아버지는 매우 아름다운 작은 물고기를 잡았다. 이 물고기는 특별하였다. 황금빛이었고 인간의 말을 할 줄 알았다. 할아버지가 손에 잡자 물고기는 말하였다.

– 저를 잡지 마세요, 할아버지! 저를 푸른 바다로 다시 보내 주세요.
전 뭐든지 할 수 있어요. 할아버지가 부탁하는 건 다 해 줄 수 있어요.

할아버지는 착해서 물고기에게 아무 것도 부탁하지 않고 푸른 바다로 다시 놔주었다.

– 난 아무 것도 필요 없단다. – 할아버지는 말했다.
바다로 가거라!

그래서 물고기는 깊은 바다로 헤엄쳐 갔다.
할아버지는 집에 와서 할머니에게 모든 것을 이야기했다. 할머니는 화를 냈다.

– 바보 같은 영감쟁이! 얼른 바다로 가서 황금 물고기를 불러요.
빵 조금 하고 내한테 새로운 빨래통 달라고 하구려.
내 빨래통이 아주 낡고 깨졌으니까.

할아버지는 아무 말도 하지 않고 바다로 가서 황금 물고기를 부르기 시작했다. 황금 물고기가 할아버지에게 다가와 물었다.

– 할아버지, 뭐가 필요하세요?

할아버지가 대답하였다.

– 내 할망구가 화가 잔뜩 났어. 너에게 빵과 새 빨래통을 얻어오라고 나를 보냈어.

물고기는 대답하였다.

- 아무 걱정 마세요, 할아버지. 집에 가면 빵도, 빨래통도 있을 거예요.

할아버지는 집으로 돌아가서 식탁에 맛있고 향기 좋은 빵이 놓여 있고, 식탁 옆에 새로운 외투가 있는 것을 보았다. 그러나 할머니는 다시 불만스러워 했다.

-바보 같은 영감쟁이! 다시 바다로 가서 물고기에게 커다란 새집을 달라고 하구려.

할아버지는 바다로 가서 황금 물고기를 다시 불렀고 다 이야기했다.
황금 물고기는 할아버지에게 상냥스레 대답했다..

-집에 가면 모든 게 다 있을 거예요.

할아버지가 집에 왔을 때, 낡은 집 대신 새로운 커다란 돌 집이 보였다. 집 안에는 할머니가 비싼 새 옷을 입고 앉아 있었다. 할머니 주위엔 하인들이 오고가고 있었다. 할아버지가 할머니에게 다가가자, 할머니는 말한다.

- 물고기한테 가서 내가 황후가 되고 싶어 한다고 말하구려.

할아버지는 나가서 할머니가 시킨 대로 다 했다. 그리고 집으로 돌아와서 보았다. 높은 궁전이 서있고, 주변에 정원이 있고, 사방에서 음악이 연주되고, 주변에 부자 사람들이 다니는 것을.

얼마의 시간이 흘렀다. 다시 할머니가 할아버지를 불러 말했다.

- 물고기한테 가서 말해요. 내가 더 이상 지상의 황후는 싫고, 바다의 황후가 되고 싶어 한다고. 바다 속 모든 것들이 내 말을 듣고 물고기가 나의 신하가 되길 원한다고 전하구려.

할아버지는 마음이 무거웠지만 바다로 다시 갔다. 물고기를 불렀다. 물고기는 없었다. 다시 한 번 불렀으나 없었다. 할아버지는 세 번째 불렀다. 푸른 바다가 어두워지고 소리를 내기 시작했다. 마침내 물고기가 바다가로 헤엄쳐 왔다. 할아버지는 물고기에게 할머니가 원하는 것을 이야기 했다.

황금 물고기는 이번에 아무 것도 말하지 않고 바닷가에서 멀리 헤엄쳐 갔다. 꼬리를 흔들고 깊은 바다로 들어가 버렸다. 바닷가에서 할아버지는 오래 동안 기다리다가 집으로 갔다. 집에 돌아와서 보았다. 해변가에 낡고 가난한 집 한 채가 서 있고, 그 옆에 헤진 옷을 입은 할머니가 앉아있고, 그 앞에는 깨진 빨래통이 놓여 있었다.

2단계 | 러시아어 단어&숙어 익히기

старик 노인
старуха 노파
готовить / приготовить 준비하다, 음식을 만들다
на завтрак 아침으로
на обед 점심으로
на ужин 저녁으로
ловить / поймать 잡다
рыбка 작은 물고기 (рыба의 지소형)
необыкновенный 예사롭지 않은, 평범하지 않은, 이상한
уметь (+инф.) –할 줄 알다
человеческий 인간의
голос 목소리
отпустить обратно 다시 놓아주다
просить / попросить 요청하다
уплывать / уплыть 떠내려 가다
глубина 깊이
рассердиться (+ на, кого, что) (완료상) 화를 내다
звать / позвать 부르다

корыто 빨래통
разбитый 깨진 (разбить의 피동형동사 과거형)
душистый 냄새 좋은, 향기로운
недовольна 불만족스러운 (недовольный 단어미 여성형)
ласково 상냥스레
каменный 돌의, 돌로 만든
слуга 하인
царица 황후, 여왕
темнеть / потемнеть 어두워지다
зашуметь (완료상) 떠들기 시작하다
приплывать / приплыть 헤엄쳐 닿다, 수영해서 오다
отплывать / отплыть(+ от чего) 헤엄쳐 나가다, 떠나다, 출항하다
махнуть хвостом 꼬리를 (한 번) 흔들다
рванный 찢어진 (рвать의 피동형동사 과거형)
в рваном платье 떨어진 옷을 입고

3단계 | 러시아어 문법 배우기

명령법(Повелительное наклонение)

1. 명령법은 행위에 대한 지시, 요청, 명령 등을 나타낸다.

명령법은 2인칭 단수와 복수 형태를 갖는다.
명령법 단수형: иди, читай, занимайся, встань, режь
명령법 복수형: идите, читайте, занимайтесь, встаньте, режьте

명령법 복수형은 여러 사람에 대한 명령이거나, 한 사람에게 할 때도 정중한 표현으로 사용된다. 명령법 단수형에 -те를 붙인다.
Анна, дайте мне, пожалуйста, газету.
안나, 신문 좀 갖다 주렴.

2. 명령법 만들기

1) 명령형 어미 -й: 현재 또는 미래 시제 어간이 모음으로 끝날 경우 (주로 I식 동사) 명령형 어미 -й를 붙인다. 강세는 어간이나 어미에 떨어진다.

читать ---- чита-ют ---- читай
изучать ---- изуча-ют ---- изучай
выполнять ---- выполня-ют ---- выполняй
петь ---- по-ют ---- пой
надеяться ---- наде-ются ---- надейся
*** пить, лить, бить, шить, вить는 ь이 е로 전이되어 다음의 명령형을 갖는다.
пить ---- пь-ют ---- пей
бить ---- бь-ют ---- бей
лить ---- ль-ют ---- лей

шить ---- шь-ют ---- шей
вить ---- вь-ют ---- вей
　*** 접미사 -ва를 갖는 불완료상 동사는 명령형에서 접미사를 그대로 유지한다.
признавать ---- (призна-ют) ---- признавай
вставать ---- (вста-ют) ---- вставай
отдавать ---- (отда-ют) ---- отдавай

2) 명령형 어미 -и: 현재시제나 미래시제 동사 어간이 자음으로 끝날 경우(II식 동사일 경우) 명령형 어미 -и를 붙인다. 강세는 어간이나 어미에 떨어진다.
идти ---- ид-ут ---- иди
смотреть ---- смотр-ят ---- смотри
изучить ---- изуч-ат ---- изучи
учить ---- уч-ат ---- учи
　*** 접두사 вы-가 붙을 경우 강세는 접두사에 떨어진다.
выйти ---- вы́йди
выучить ---- вы́учи
высказать ---- вы́скажи

3) 현재나 미래 시제 어간 끝이 연자음(j를 제외함)이거나 шипящие이고 동사어미에 강세가 없을 경우:
встать ---- встан-ут ---- встань
сесть ---- сяд-ут ---- сядь
режать ---- реж-ут ---- режь
бросить ---- брош-ут ---- брось

3. 3인칭 명령

Пусть, Пускай를 3인칭 현재 또는 미래 시제 동사와 함께 사용하여 3인칭 명령을 나타낸다.

Пусть все соберутся к 9 часам утра в институте.
모두 아침 9시에 연구소에 모이도록 하십시오.

Пускай господин Иванов выступает на собрании первым.
이바노프씨가 회의에서 맨 처음 발표하도록 하십시오.

4. 명령법과 동사상

1) 일회성 행위의 수행에 대한 요청을 표현할 때는 완료상 동사를 사용한다. 요청을 표현할 때 다음 동사들의 명령형이 사용된다: дать, взять, открыть, закрыть, достать, вынуть, поставить, положить, повесить, показать, купить, почистить, зажечь, включить, выключить, позвонить, сказать, повторить, исправить, проверить, принять 등

   예 Дайте мне, пожалуйста, вашу ручку.
   볼펜을 주십시오.
   Возьмите, ваши тетради.
   여러분 노트를 가져가세요.
   Откроите книги.
   책을 펴세요.
   Принесите мел.
   분필을 가져오세요.
   Покажите фотографии.
   사진을 보여 주십시오.

2) 불완료상 동사 명령형은 행위 시작을 재촉할 때 사용한다. 이 경우 행위 수행자는 보통 행위를 시작해야 함을 이미 알고 있는 상황이다. 예를 들어, 학생들이 책을 폈을 때, 교사가 그들 중 한 명에게 **Читайте!** (읽으세요!)라고 하거나, 학생들이 텍스트를 듣고 쓰려고 할 때, 교사가 그들에게 **Пишите!**(쓰세요!)라고 하는 상황에서 사용된다.

재촉의 뉘앙스를 강조하기 위해서 자주 소사 **ну, же**를 함께 사용한다.

- Ну, говорите же!
 자, 얼른 말하세요!

또한 중단된 행위를 계속하기를 바랄 때, 불완료상 동사 명령형을 사용한다.
Что же вы молчите? Говорите!
왜 침묵하세요? 말하세요!
Что же вы не берёте книгу? Берите!
왜 책을 가져가지 않나요? 가져가세요!

수행되고 있는 행동의 성격을 변경해주기를 요청할 때 불완료상 동사 명령형을 사용한다.
Читайте медленнее.
더 천천히 읽으시오.
Говорите громче.
더 크게 말하시오.
Пишите аккуратнее.
더 정확하게 쓰시오.

초대의 의미를 표현할 때 불완료상 동사 명령형을 사용한다.
Проходите, раздевайтесь, садитесь, пожалуйста.
들어오세요, 외투를 벗으시고 앉으세요.
Приходите к нам сегодня обедать.
오늘 식사하게 우리 집에 오세요.

완료상 동사를 사용하면 초대의 의미가 아니라, 강한 요구 또는 지시의 의미를 갖게 되며, 불완료상 동사로 표현했을 때의 정중함의 뉘앙스를 잃게 된다.
Разденьтесь, пройдите в комнату и сядьте.
외투 벗으시오, 방에 들어와서 앉으시오.

예외) **Дайте мне вашу ручку.** (당신 펜을 좀 주시겠어요)의 경우에는 완료상 동사를 사용하는 것이 정중한 표현이 된다.
Давайте мне вашу ручку. (당신 펜 좀 줍쇼) 라고 불완료상 동사를 사용하면 정중하지 못하고 무례한 표현이 된다.

3) 부정 명령문에서 동사상의 사용

부정 명령문에서는 주로 불완료상 동사를 사용한다. 지속성이 없는 일회성 행위일 경우에도 불완료상 동사를 사용한다. 긍정 명령에서는 완료상 동사를 사용했을 지라도, 부정 명령에서는 불완료상 동사를 사용한다.

Откройте, пожалуйста, окно. Не открывайте, пожалуйста, окно.
창문을 여세요. 창문을 열지 마세요.
Положите книги на окно. Не кладите книги на окно.
책을 창문 위에 두세요. 책을 창문 위에 두지 마세요.
Дайте ребёнку молока. Не давайте ребёнку молока.
아기에게 우유를 주세요. 아기에게 우유를 주지 마세요.
Купи эту книгу. Не покупай эту книгу.
이 책을 사세요. 이 책을 사지 마세요.

부정 명령에서 완료상 동사를 사용할 경우 행위자가 무의식적으로 행하게 되는 원치 않는 일회성 행위에 대한 경고를 나타나게 된다.

Не упадите: здесь скользко.
넘어지지 마세요. 여기 미끄럽습니다.
Не забудь запереть дверь.
문 잠그는 것 잊지마.

경고의 뉘앙스를 강조하기 위해 자주 смотри, смотрите를 함께 사용한다.

Смотри, не забудь.
잊으면 안되!
Смотри, не потеряй.
잃어 버리지마, 꼭!
Смотри, не простудись.
감기 걸리지마!
Смотрите, не опоздайте.
지각하면 절대 안되오!

원하지 않는 행동이 반복적으로 일어나는 것을 경고할 때는 불완료상 동사를 사용하고, смотри, смотрите와 자주 결합한다.

Смотрите, не опаздывайте больше!
더 이상 늦으면 안됩니다!
Смотрите, не болейте.
아프지 마세요!

4단계 | 러시아어 표현 따라잡기

> **за + 조격 표현**
> 동작동사와 결합하여 행위의 목적을 나타낸다.
> Старуха послала к тебе за хлебом и новым корытом.
> 할멈이 빵과 새 빨래통을 가져오라고 너한테 보냈어.
> Мать ушла в магазин за хлебом (чтобы купить хлеб).
> 어머니는 빵을 사러 상점에 갔다.
> Я пойду в библиотеку за книгами (чтобы взять книги).
> 나는 책을 빌리러 도서관에 갈 것이다.

в + 전치격 표현

전치사 в는 의복을 나타내는 명사의 전치격과 결합하여
'-을 입은'를 표현한다.

В его доме сидит его старуха в новом дорогм платье.
그의 집에는 비싼 새 옷을 입은 노파가 앉아 있었다.

Девушка была в белом платье.
아가씨는 흰 원피스를 입고 있었다.

Он пишёл сегодня в новом костюме и в шляпе.
그는 오늘 새 양복을 입고 모자를 쓰고 왔다.

5단계 | 러시아어로 말하기

Диалог 1 : Музыкальный фильм

Сергей : Алло! Наташа?

Наташа : Да, это я.

Сергей : Это Сергей. В "Прогрессе" идёт "Женщина, которая поёт".
Давай пойдём в кино.

Наташа : Я не знаю, что это за фильм.

Сергей : Это музыкальный фильм с Аллой Пугачёвой в главной роли.

Наташа : Ах, Алла Пугачёва!

Я хочу его посмотреть.

Когда начинается этот сеанс?

Сергей : В 7 часов.

Встретимся за 15 минут до начала сеанса.

То есть, без четверти семь у входа.

Наташа : Договорились.

Диалог 2: Билет в Большой театр

Владимир : Ты не хочешь пойти в театр?

Сунми : Замечательная идея. А куда можно попасть сегодня?

В Москве, наверно, трудно достать билеты на что-нибудь интересное?

Владимир : Смотря на что. И куда бы ты хотела пойти?

Сунми : Конечно, в Большой театр.

(У подъезда Большого театра они встречаются)

Владимир : Добрый вечер. Можешь меня поздравить.

Достал два билета.

Правда, места не очень хорошие, второй ярус, но выбирать не приходится.

У нас есть даже и на этот счёт пословица:

"На безрыбье и рак рыба".

Сунми : Что это значит?

Владимир : Пословица такая значит, что за неимением лучшего годится и то, что есть.

Сунми : Всё ясно. У нас тоже есть такая пословица:

За неимением фазана годится курица.

Диалог 3; В Кассу

Владимир : У вас есть билеты на "Бориса Годунова"?
Кассир   : Нет, все проданы.
Владимир : Что идёт в Большом театре?
Кассир   : Балет "Лебединое озеро"
Владимир : Билеты есть?
Кассир   : На какой день?
Владимир : На воскресенье, на вечер. Дайте, пожалуйста, 2 билета.
Кассир   : 2 билета? Есть, но не в партер, а в бельэтаж. Не плохие места: первый ряд, середина. Возьмёте?
Владимир : Да, возьму.

6단계 | 러시아어 연습마당

I. 다음 질문에 러시아어로 답하시오.

1. Почему старик и старуха ели только рыбу?
2. Какую рыбу поймал однажды старик?
3. Почему он отпустил рыбку обратно в море?
4. Какое было первое желание старухи?
5. Что увидел старик, когда вернулся к своему дому?
6. Что старуха захотела получить отрытки во второй раз?

7. Какое было третье желание старухи?

8. Какую картину увидел старик, когда последний раз пришёл домой?

9. Почему старуха всё время называла старика глупым?

10. Почему, по вашему мнению, рыбка в конце концов не захотела выполнять желание старухи?

II. 다음 빈칸에 알맞은 동사의 명령형을 넣으시오.

1. Почему ты так редко пишешь мне? _____, пожалуйста, чаще. (писать, написать)

2. _____, пожалуйста, который час? (говорить, сказать)

3. Вас плохо слышно, _____ громче. (говорить, сказать)

4. Здесь очень душно, будьте добры, _____ окно. (открывать, открыть)

5. Какой у вас журнал? _____ мне, пожалуйста. (показывать, показать)

6. Все открыли книги? Анна Ивановна, _____, пожалуйста, текст. (читать, прочитать)

7. _____ это лекарство два раза в день. (принимать, принять)

8. Не _____ свет: ещё светло. (зажигать, зажечь)

9. Не _____ принести книги, которые ты мне обещал. (забывать, забыть)

10. Никогда не _____ того, что ты не можешь выполнить. (обещать, пообещать)

11. Здесь яма, будьте осторожны, не _____ в неё. (падать, упасть)

12. Оденьтесь потеплее, смотрите, не _____ (простуживаться, простудиться)

13. Не _____ окно, а то будет холодно. (открывать, открыть)

Ⅲ. 다음을 러시아어로 옮기시오.

1. 그 물고기는 사람의 목소리로 말하기 시작했다.

2. 그는 와인과 과일을 사러 상점에 갔다.

3. 그녀는 어제 파티에 붉은 원피스를 입고 왔다.

4. 날씨가 더우니 문을 닫지 마시오.

5. 할아버지는 할머니가 원하는 것이 무엇인지 물고기에게 말했다.

6. 점심 식사로 무엇을 요리해야 할까?

러시아어 속담 한 마디

Как рыба в воде.
물 만난 물고기

Урок

14

Арбат

아르바뜨 거리

1단계 | 함께 러시아 읽기

Арбат

Смело можно сказать, что нет в Москве другой такой же необычной и интересной улицы, как Арбат. Одни москвичи любят Арбат. Другие его презирают и критикуют его нынешний вид. Но равнодушных нет. И дело даже не в том, что люди сравнивают Старый Арбат и Новый Арбат. Хотя между ними есть немало общего. Это две совершенно разные улицы. Новый Арбат (до недавнего времени он назывался Проспект Калинина) - первая «западная» улица Москвы, современная, просторная, с широкими тротуарами, модными магазинами и кафе. Ничего плохого тут нет. За что же коренные москвичи так не любят эту улицу? А за то, что, чтобы её построить, снесли целый квартал исторической постройки - архитектурные ансамбли, жилые кварталы. И этой потери Новому Арбату не простят, похоже, уже никогда.

Судьба Старого Арбата другая. Его не сломали, его решили модернизировать на европейский лад, сделать из него «пшеходную зону городского центра».

Название - Арбат идёт из татарского языка. «Арбад», «Орбат», «Рабат» - звучание слова менялось со временем - означает «пригород». Здесь останавливались крымские, казанские и другие восточные купцы. Это было одной из главных торговых улиц Москвы. Постепенно «восточных гостей» сменили русские купцы, торговля здесь процветала. Об этом говорят названия арбатских переулков: Плотников, Серебрянный, Денежный, Хлебный. Сразу становится понятным, чем занимались люди.

Однако в XVIII веке на Арбат начали переезжать московские

аристократы. Они быстро вытеснили с понравившейся им улицы купцов и ремесленников. В середине XIX века на Арбате уже не было никаких магазинов, только аристократические особняки - люди жили счастливо и богато.

В начале XX века Арбат оживился, опять стал деловым, торговым. В таком виде Арбат и дошёл до наших дней. Сейчас стоят вдоль Арбата лавки, а иногда просто тенты, а в них всё, что может заинтересовать иностранца: матрёшки, картины, русские платки, антиквариат и многое-многое другое. На Арбате можно купить вещи любого качества и за любую цену.

Но Арбат интересен не только этим. Он всегда был и литературным, и театральным, и музыкальным местом. Здесь жили Пушкин, Бунин, Андрей Белый, часто бывали Гоголь, Толстой, Чехов, Маяковский, Есенин, Блок, многие русские художникии и композиторы. В 80-90-е годы нашего века, став пешеходным, Арбат превратился в самую независимую и свободолюбивую улицу Москвы. Здесь можно было делать то, чего в других местах Москвы не разрешилось: ходить по Арбату босиком, носить волосы любой длины и расцветки, петь и танцевать, играть на гитаре и читать свои стихи, спорить о политике. Арбат превратился в «Московский Монмарт» и до сих пор остаётся одним из самых неформальных мест столицы.

아르바뜨 거리

모스크바에는 아르바뜨처럼 특별하고 흥미로운 거리는 없다라고 감히 이야기 할 수 있다. 어떤 모스크바 사람들은 아르비뜨를 사랑한다. 다른 이들은 아르바뜨를 경시하고 외관을 비난한다. 하지만 무관심한 사람들은 없다. 문제는 사람들이 아르바뜨 구 시가지와 아르바뜨 신 시가지를 비교하는 것에 있지 않다는 것이다

그들 사이에는 많은 공통점이 있을지라도, 두 시가지는 완전히 다른 거리이다. 아르바뜨 신 시가지는(최근까지 '쁘라스뻭뜨 깔리니나'라고 불렸다) 모스크바의 첫 번째 《서구》 거리이며, 넓은 도로, 최신 유행의 상점과 카페가 있는 현대적이고 넓은 거리이다. 그곳에는 나쁜 점이 전혀 없다. 그런데 무엇 때문에 토박이 모스크바 사람들은 이 거리를 그토록 싫어하는 것일까? 이 신시가지를 건설하기 위해 건축 앙상블, 주거지 등 역사적인 건축물을 대거 철거했기 때문이다. 아마도 신 시가지의 이러한 손실을 절대 용서하지 않을 것이다.

아르바뜨 구 시가지의 운명은 다르다. 철거하지 않고 유럽풍으로 현대화하여 《도심지의 도보지역》으로 만들기로 결정하였다.

아르바뜨라는 명칭은 따따르 언어에서 왔다. 《아르바드》, 《오르바뜨》, 《라바뜨》 등 단어의 소리는 시대에 따라 변했으며 《근교》라는 의미를 갖는다. 이곳에 크림, 카잔과 기타 동방의 상인들이 머물렀다. 이 거리는 모스끄바의 가장 주요한 상업 거리 중 하나였다. 점차 《동방의 손님》들이 러시아 상인으로 교체되었고, 무역은 성황을 이루었다. 쁠로뜨니꼬프('목수'란 뜻), 세레브랸느이('은'이라는 뜻), 제네즈느이('돈'이라는 뜻), 흘레브느이('빵'이라는 뜻) 등의 아르바뜨 골목의 명칭이 이를 말해준다. 명칭만으로 사람들이 무슨 일에 종사했는지를 알 수 있다.

그러나 18세기에 아르바뜨에 모스끄바 귀족들이 이주하기 시작했다. 그들은 그들이 좋아하는 거리에서 상인과 수공업자들을 빠르게 쫓아냈다. 19세기 중반에 아르바뜨에는 상점이 전부 없어졌으며, 귀족들의 저택만이 남았다. 사람들은 행복하고 부유롭게 살았다.

20세기 초 아르바뜨는 활기를 찾았다. 다시 무역과 사업의 거리가 되었다. 아르바뜨는 이 모습으로 오늘날까지 온 것이다. 지금은 아르바뜨 거리를 따라서 노점들이 들어서 있고, 가끔은 단지 천막만 있기도 한다. 하지만 그 안에 외국인의 관심을 끄는 모든 것들, 마뜨료쉬까, 그림,

러시아 숄, 골동품 등 많은 것이 있다. 아르바뜨 거리에서는 다양한 품질의 물건을 다양한 가격으로 살 수 있다. 그러나 아르바뜨 거리가 이것만이 흥미로운 것은 아니다. 아르바뜨는 항상 문학의, 연극의, 음악의 거리였다. 이곳에 뿌수낀, 부닌, 안드레이 벨르이가 살았고, 고골, 똘스또이, 체홉, 마야꼽스끼, 에세닌, 블록 그리고 많은 러시아 예술가와 작곡가가 자주 머물렀던 곳이다.

  1980-90년대에 보행거리가 되면서 아르바뜨는 모스끄바에서 가장 독립적이고 자유를 사랑하는 거리로 변모하였다. 이곳에서는 모스끄바의 다른 지역에서는 허가되지 않는 것을 할 수 있었다. 아르바뜨 거리를 맨발로 걸을 수 있고, 머리 길이와 염색을 마음대로 할 수 있고, 노래하고 춤추고, 기타를 연주하고 자작시를 읊고, 정치를 논할 수 있다. 아르바뜨 거리는 《모스끄바의 몽마르뜨》으로 변모하였고 지금까지 러시아 수도의 가장 자유분방한 장소로 남아있다.

2단계 | 러시아어 단어&숙어 익히기

презирать / презреть 경멸하다
критиковать 비판하다
нынешний 현재의
вид 모습
равнодушный 무관심한
просторный 넓은
тротуар 보도
модный 유행의, 최신 유행 풍의
сносить / снести 철거하다

квартал 4분기, 구, 거리
постройка 건축, 건축물
ансамбль 앙상블
жилые кварталы 주거구역
ломать/ сломать 부수다
модернизировать 현대화하다
лад 화합, 방법
пшеходная зона 보행구역
татарский 따따르의
звучание 소리
меняться / поменяться 교환하다
со временем 시간이 갈수록
крымский 크림의
казанский 까잔의
купец 상인
сменять / сменить 교체하다
переулок 골목
аристократ 귀족
особняк 저택
оживляться / оживиться 소생하다
вдоль (+чего) –를 따라서
тент 천막
платок 숄
антиквариат 골동품
вещь 물건
за любую цену 어떤 가격으로도
литературный 문학의
театральный 연극의
музыкальный 음악의
превращаться/ превратиться (+ во что) –로 변모하다

свободолюбивый 자유애호의
разрешаться /разрешиться 허락되다, 허가되다
босиком 맨발로
носить волосы любой длины 머리 길이를 마음대로 하다
расцветка 채색
спорить/ поспорить (+ о чём) –에 대해 논쟁하다
неформальный 비공식적인

3단계 | 러시아어 문법 배우기

부정(不定)인칭문(Неопределённо-личные предложения)

1. 부정(不定)인칭문은 주어는 없고, 술어가 불특정인에 의해 수행되는 행위를 나타낸다.

   부정(不定)인칭문은 주로 사실, 사건에 초점이 맞추어지며, 누가 행위를 수행했느냐는 알려지지 않았거나 나타나지 않는다.

   술어는 현재, 미래 3인칭 복수형으로 표현되며, 과거시제일 경우 복수형을 쓴다.

   예 В деревне убирают урожай.
   마을은 추수 중이다.
   В киоске продают газеты.
   가판대에서 신문을 판다.

Его посылают в командировку.
그를 출장을 보낸다.
Его посылали в командировку.
그를 출장을 보냈다.
В книжный магазин скоро привезут новые книги.
서점에 곧 새 책이 돌아올 것이다.
В книжный магазин привезли новые книги.
서점에 새 책이 들어왔다.
В нашем городе будут строить музей.
우리 도시에 박물관을 건설할 것이다.
В нашем городе строят музей.
우리 도시에 박물관을 건설 중이다.
В нашем городе строили музей.
우리 도시에 박물관을 건설하고 있다.
Его не сломали, его решили модернизировать на европейский лад, сделать из него «пшеходную зону городского центра».
거리를 철거하지 않고 유럽풍으로 현대화하여 《도심지의 도보지역》으로 만들기로 결정하였다.

2. 부정(不定)인칭문에서 행위자는 불특정 다수이거나(Строят новую школу, Дом ремонтируют.), 불특정 개인 한 명일 수도 있다 (Окно закрыли. Принесли письмо).

Вас ждут (당신을 기다리고 있습니다)같은 문장은 기다리는 사람이 한 명일 수도 있고, 여러 명일 수도 있다.

동사원형의 동사상 사용

1. **행위의 시작, 계속, 완료를 의미하는 다음의 동사는 불완료상 동사 원형과 결합한다:** начать, стать, продолжать, кончать - кончить, переставать - перестать, прекращать - прекратить, бросать - бросить, приниматься - приняться

   Он начал готовить домашнее задание.
   그는 숙제를 하기 시작했다.
   В это время мы обчно начинаем готовить домашнее задание.
   우리는 보통 이 시간에 숙제를 하기 시작한다.
   На собрании мы продолжали обсуждать этот вопрос.
   회의에서 우리는 계속해서 이 문제를 논의하였다.
   К сожалению, он перестал изучать Россию
   유감스럽게도, 그는 러시아 연구를 중단했다.
   Он принялся (начал, стал) помогать нам.
   그는 우리 돕는 것을 시작했다.
   Он всегда принимался (начинал) помогать нам.
   그는 항상 우리 돕기를 시작했다.
   Однако в XVIII веке на Арбат начали переезжать московские аристократы.
   18세기에 모스끄바 귀족들이 아르바쯔 거리로 이사오기 시작했다.

2. **다음의 동사들은 불완료상 동사원형과 결합한다:** привыкать - привыкнуть, отвыкать - отвыкнуть, приучать - приучить, отучать - отучить, учиться - научиться, надоедать - надоесть, уставать - устать, избегать, понравиться, полюбить, разлюбить

Урок 14 Арбат

Я постепенно привыкаю рано ложиться и рано вставать.
나는 점차 일찍 자고 일찍 일어나는 것에 익숙해지고 있다.
Я привык рано ложиться и рано вставать.
나는 일찍 자고 일찍 일어나는 것에 익숙해졌다.

Он всё больше отвыкает говорить по-английски.
그는 더욱 영어로 말하는 것에 익숙해가고 있다.
Он совсем отвык говорить по-английски.
그는 영어로 말하는 것에 완전히 익숙해졌다.

Мне всегда быстро надоедало ехать на поезде.
나는 항상 기차 타는 것에 금새 싫증을 내곤 한다.
Мне надоело ехать на поезде.
나는 기차 타는 것에 싫증났다.
Больной обычно скоро уставал сидеть.
환자는 통상 앉아있는 것에 금방 피곤해한다.
Больной устал сидеть.
환자는 앉아 있는 것이 피곤했다.
Она избегает отвечать на такие вопросы.
그녀는 이러한 질문에 답변하는 것을 피한다.
Я полюбил гулять зимой в лесу.
나는 겨울에 숲을 산책하는 것을 좋아했다.
Мне понравилось ловить рыбу удочкой.
나는 낚시도구로 고기 잡는 것이 마음에 든다.

3. **희망, 의도, 요청, 요구, 충고, 필요성 등을 의미하는 다음 동사들은 해당 동사의 의미와 발화의 의미에 따라 불완료상이나 완료상 동사원형과 결합한다**: хотеть, стараться, пытаться, обещать, просить, уговаривать, советовать, надо, нужно, необходимо, должно

동사원형으로 나타나는 행위가 반복적 의미를 가지면 불완료상을, 일회성 의미를 가지면 완료상을 사용한다.

불완료상 동사원형

Я хочу получать этот журнал.
나는 이 잡지를 받아보고 싶다.
Я надеюсь встречаться с вами часто.
나는 당신을 자주 만나길 바랍니다.
Он обещал писать нам из санатория.
그는 요양원에서 우리에게 편지를 자주 쓰겠다고 약속했다.

완료상 동사원형

Я хочу получить этот журнал.
나는 이 잡지를 받고 싶다.
Я надеюсь снова скоро встретиться с вами .
나는 곧 다시 당신을 만나길 바랍니다.
Он обещал написать нам из санатория.
그는 요양원에서 편지를 쓰겠다고 약속하였다.

동사원형이 나타내는 행위가 지속적이고, 시간 상으로 제한이 없는 경우에는 불완료상동사를 사용한다.
Я хочу изучать русский язык.
나는 러시아어를 계속 공부하고 싶다.
Друзья обещали помогать мне.
친구들은 나를 계속 도와주기로 약속했다.

행위의 결과를 원할 때는 완료상 동사 원형과 결합한다.
Я хочу изучить русский язык.
나는 러시아어를 완전히 연구하고 싶다.
Врач хочет вылечить больного..
의사는 환자를 완치시키고 싶어한다.

Урок 14 Арбат 219

4. 동사원형 부정형의 동사상 사용

행위 수행에 대한 재촉이나 의향을 나타내는 동사원형을 부정할 경우 불완료상 동사를 사용한다.

Врач посоветовал больному принять снотворное.
의사는 환자에게 수면제를 복용할 것을 조언했다.
Врач посоветовал больному не принимать снотворного.
의사는 환자에게 수면제를 복용하지 말 것을 조언했다.

Он уговорил меня остаться.
그는 나에게 남으라고 설득했다.
Он уговорил меня не оставаться.
그는 나에게 남지 말라고 설득했다.

Мы решили уехать после экзаменов домой.
우리는 시험 끝나고 집으로 가기로 결정하였다.
Мы решили не уезжать после экзаменов домой.
우리는 시험 끝나고 집으로 가지 않기로 결정하였다.

Мы договорились встретиться завтра.
우리는 내일 만나기로 약속하였다.
Мы договорились не встречаться завтра.
우리는 내일 만나지 않기로 약속하였다.

5. 행위의 불필요성을 나타낼 경우 불완료상 동사원형을 사용한다.

не надо, не нужно, не следует, не стоит 등은 반드시 불완료상 동사와 결합한다.

Мне нужно (надо) купить эту книгу.
나는 이 책을 사야 한다.

Мне не нужно (не надо) покупать эту книгу.
나는 이 책을 살 필요가 없다.

Этот фильм интересный, его стоит посмотреть.
Этот фильм неинтересный, его не стоит смотреть.
이 영화는 재미없어서 볼 필요가 없다.

Вам следует обратиться к нему с этим вопросом.
당신은 이 문제를 그에게 제기해야 한다.
Вам не следует обращаться к нему с этим вопросом.
당신은 이 문제를 그에게 제기할 필요가 없다.

4단계 | 러시아어 표현 따라잡기

превратиться во что 표현 '–로 변모하다'

Арбат превратился в самую независимую и свободолюбивую улицу Москвы.
아르바뜨는 모스끄바에서 가장 독립적이고 자유를 사랑하는 거리로 변모하였다.

Корея превратилась в одну из ИТ-держав в мире.
한국은 세계에서 IT 강국으로 변모하였다.

Россия превратилась из президентской республики в суперпрезидентскую.
러시아는 대통령제에서 초강력 대통령체제 국가가 되었다.

- **купить за какую-то цену** 표현
  На Арбате можно купить вещи любого качества и за любую цену.
  아르바뜨 거리에서는 다양한 품질의 물건을 다양한 가격으로 살 수 있다.
  На рынке можно купить вещи хорошего качества за низкую цену.
  시장에서 좋은 품질의 물건을 싼 가격에 살 수 있다.

5단계 | 러시아어로 말하기

Диалог 1: В сувенирном магазине в Ростове

Анатолий : Будьте добры. Мне нужно сделать подарок.
Что вы посоветуете?
Продавщица : Подарок? Кому?
Анатолий : Моей подруге.
Продавщица : Купите CD со звоном Ростовских колоколов.
И альбом картин Ростова. Очень интересный.
Анатолий : Покажите, пожалуйста.
Продавщица : Пожалуйста. Это вам понравится.
Анатолий : Купим подруге и себе!
На память о моей поездке!
А где можно купить другие сувениры?
Продавщица : В следующем отделе.

Диалог 2: В книжном магазине

Георгий   : Простите, пожалуйста... Девушка!
Продавщица : Да, я вас слушаю.
Георгий   : Скажите, у вас Толстой есть?
Продавщица : А что вам нужно? Что вас интересует?
Георгий   : Мне нужна "Анна Каренина" и "Воскресенье".
Продавщица : "Воскресенья", к сожалению, сейчас нет.
             А "Анна Каренина" есть.
Георгий   : Хорошо. А сколько стоит "Анна Каренина"?
Продавщица : 10 рублей.
Георгий   : платить вам?
Продавщица : Нет, в кассу.
Георгий   : А где она?
Продавщица : С той стороны зала.

Диалог 3: Обувь

Надя   : Покажите, пожалуйста, чёрную обувь.
Продавец : Вам какой размер?
Надя   : Тридцать пятый.
Продавец : Пожалуйста.
Надя   : Спасибо. Можно примерить?
Продавец : Конечно.
Надя   : Мне нравится.
             Дайте мне, пожалуйста, эти туфли.
             Сколько стоит?
Продавец : 1500 рублей.

Диалог 4: В универмаге

Катя : Скажите, пожалуйста, где я могу купить женскую одежду?

Прохожий : Женскую одежду?
В отделе женской одежды. Он находится на втором этаже.

Катя : Спасибо.

(Катя в отделе женской одежды)

Катя : Будьте добры, покажите это платье.
Продавец: Какой размер?

Катя : Средний.

Продавец : Пожалуйста.

Катя : Это платье мне нравится. Я возьму его.

Диалог 5 : Э-покупки

Катюша : Мне нужно купить обувь.
Но у меня нет времени на шопинг.

Пётр : Тебе не нужно ходить в магазин.
Можно купить товар по Интернету.

Катюша : Я слышала, но ни разу не пользовалась таким сервисом.

Пётр : Электронная коммерция уже распространена по всему миру.
С помощью электронной коммерции можно сократить время и деньги на покупку. Кроме этого, там большой выбор.

Катюша : Каким образом купить товары по Интернету?

Пётр : Очень легко. Сначала подключись к Интернету, посети сайт интернет-магазина.
Потом посмотри каталог товаров, и закажи тот товар, который ты хочешь.

Катюша : Как заплатить?

Пётр : Можно платить кредитными карточками или электронными деньгами.

6단계 | 러시아어 연습마당

I. 다음 질문에 러시아어로 답하시오.

1. Как относятся москвичи к Арбату?
2. Почему эта улица называется именно так?
3. Как вы думаете, почему коренным арбатцам не нравится их модернизированная улица?
4. Чем интересен Арбат сейчас?
5. Сравните Старый Арбат и Новый Арбат.
6. Расскажите об истории улицы Арбат.

Ⅱ. 다음 문장을 부정(不定)인칭문으로 바꾸시오.

1. Вас кто-то зовёт.
   _____

2. Тебе кто-то звонил.
   _____

3. Кто-то открыл окно.
   _____

4. Тебя кто-то ждёт.
   _____

5. В этом магазине продаются книги.
   _____

6. По радио передавался симфонический концерт.
   _____

7. В нашем городе строится новый завод.
   _____

8. Школа отремонтирована к новому учебному году.
   _____

9. В клубе демонстрируется новый кинофильм.
   _____

Ⅲ. 다음 빈 칸에 알맞은 동사를 넣으시오.

1. Ученица стала лучше _____ русский твёрдый звук л. (произносить, произнести)
2. Учитель начал _____ новый материал. (объяснять, объяснить)

3. Вчера вечером у нас было собрание, но я всё таки успел _____ домашнее задание. (выполнять, выполнить)

4. Кодга ты кончишь _____, вымой посуду и убери со стола. (завтракать, позавтракать)

5. Он так спешил на лекцию, что даже забыл _____ (завтракать, позавтракать)

6. В деревне она привыкла _____ с восходом солнца. (встать, вставать)

7. Я рад, что мне удалось _____ билет на этот интересный концерт. (покупать, купить)

8. Он очень занят сейчас, поэтому он перестал _____ репетиции хора. (посещать, посетить)

9. У кого она научилась так хорошо _____ платья? (шить, сшить)

10. Дежурный принялся _____ комнату. (убирать, убрать)

11. Мать устала _____ на бесконечные вопросы ребёнка. (отвечать, ответить)

12. Мне надоело _____ этот вопрос. (обсуждать, обсудить)

13. Она почкму-то избегает _____ с нами. (встречаться, встретиться)

14. Он окончил университет, но продолжал _____ английский язык. (изучать, изучить)

15. Я хочу _____ вам, почему я не пришёл вчера. (объяснять, объяснить)

16. Я надеюсь скоро _____ к здешнему холодному климату. (привыкать, привыкнуть)

Урок 14 Арбат

17. Студент старается _____ этот план к сроку. (выполнять, выполнить)

18. Она пробовала _____ свою мысль по- русски, но это ей не вполне удалось. (выражать, выразить)

19. Врач, который лечит этого больного, сказал, что он надеется _____ его быстро. (лечить, вылечить)

20. Он просил меня _____ его с нашим преподавателем. (знакомить, познакомить)

21. Больному стало лучше, он надеется скоро _____ (выздоравливать, выздоровить)

22. Друзья хотят до самого ужина _____ в шахматы. (играть, сыграть)

23. Я хочу поскорее _____ ответ на своё письмо. (получать, получить)

IV. 다음 문장을 보기처럼 바꾸시오.

Образец: Брат попросил меня сказать об этом матери.
　　　　　Брат попросил меня не говорить об этом матери.

1. Друг убедил меня купить эту новую книгу.
　_____

2. Я решил ответить на это письмо.
　_____

3. Она решила сшить себе новое платье.
　_____

4. Он обещал вернуться домой до восьми часов вечера.
　_____

5. Я просил его познакомить меня с этим человеком.

6. Мы уговорили её уехать.

7. Мы договорились встретиться завтра после урока.

8. Сосед обещал разбудить меня рано утром.

9. Она просит зажечь свет.

10. Мы решили пригласить гостей.

Ⅴ. 다음 문장을 보기처럼 바꾸시오.

Образец: Больному нужно принять это лекарство.
　　　　　Больному не нужно принимать это лекарство.

1. Вам нужно остаться сегодня после занятий.

2. Эту книгу стоит прочитать.

3. Завтра мне надо встать рано.

4. Нужно вызвать врача.

5. На этом вопросе следует остановиться.

6. Надо послать сестре посылку.

7. Нам нужно встретиться сегодня вечером.

8. На это следует обратить внимание.

Ⅵ. 다음을 러시아어로 옮기시오.

1. 아르바뜨 거리를 철거하지 않고 유럽풍으로 현대화하기로 결정하였다.

2. 작년부터 세계경제는 활기를 찾기 시작하였다.

3. 인터넷 상점에서 좋은 품질의 제품을 저렴한 가격에 구입할 수 있다.

4. 한국은 농업국에서 산업선진국으로 변모하였다.

5. 한국과 러시아는 많은 공통점이 있다.

러시아 속담 한 마디

Куй железо, пока горячо.
쇠는 뜨거울 때 쳐라.

Урок

15

Новый год

새해

1단계 | 함께 러시아 읽기

Новый год

《С Новым годом! С Новым счастьем!》 Раньше всех эти слова говорят жители Камчатки и Дальнего Востока. И только через девять часов поздравляют друг друга с праздником москвичи. В Сибири в это время суровые морозы, а в южных районах страны тёплый дождь падает на вечнозелёные растения. Но одинаково тепло, уютно и празднично во всех домах. Новогодний праздник празднует вся страна, каждая семья, каждый ребёнок или взрослый. Это самый любимый, самый оптимистический праздник, праздник надежд. Дети ждут Деда Мороза, а взрослые - новой мирной и радостной жизни в новом году.

К Новому году все готовятся заранее. В праздиничные дни город необычен. В витринах магазинов, на площадях и парках стоят нарядные ёлки. На улицах много людей. Они спешат закончить дела старого года, приготовиться к празднику - купить подарки детям, родным, друзьям. Но самое главное - купить красивую новогоднюю ёлку. Каждый хочет встречать Новый год около ёлки, поэтому самые многолюдные места в городе - это ёлочные базары. Каждый день дети задают один и тот же вопрос: 《Когда мы будем наряжать ёлку?》 Украшение ёлки - это огромное удовольствие для взрослых и детей, поэтому во многих домах ёлку наряжают всей семьёй.

Откуда идёт этот праздник? В Древней Руси новый год начинался в марте, и его праздновали как праздник весны, солнца, тепла, ожидания, нового урожая. Сейчас в это время в России отмечают Масленицу - неделю встречи весны, когда пекут вкусные круглые, как солнце, блины.

Когда в X веке Русь приняла христианство, Новый год начали встречать по византийскому календарю - первого сентября. Но накануне 1700 года Пётр Первый решил праздновать Новый год по европейскому обычаю - первого января. Пётр Первый предложил всем москвичам украсить свои дома сосновыми или елочными ветками. В 12 часов ночи Пётр Первый вышел на Красную площадь с факелом в руках и запустил в небо первую ракету.

300 лет назад люди верили, что украшая ёлку, они делают злые силы добрее. По мере того, как проходило время, о злых силах забывали, но ёлка, как и раньше, - символ новогоднего праздника.

새해

《새해 축하합니다! 새해 복 많이 받으세요!》 이 말들을 깜차뜨까와 극동 지역의 주민들이 가장 먼저 말했다. 그리고 9시간이 지나서야 모스끄바 사람들이 새해 축하인사를 서로서로 건넨다. 이 때 시베리아는 혹한기이고, 국가의 남쪽 지역에서는 상록수에 따뜻한 비가 내린다. 그러나 모든 가정에서는 똑같이 따뜻하고 편안하고 축제 분위기이다. 나라 전체, 모든 가정 그리고 어린이나 어른 모두 새해 명절을 쇤다. 이 명절은 가장 사랑스럽고, 가장 낙천적이고 희망에 찬 명절이다. 아이들은 산타 할아버지를 기다리고 어른들은 새해에 평화롭고 기쁜 삶을 기대한다.

새해에 모든 사람들은 일찍이 준비를 한다. 명절날 도시는 특별하다. 상점 진열대, 광장과 공원에는 장식된 트리가 서있다. 거리에는 많은 사람들이 있다. 사람들은 서둘러 한 해의 일을 마무리하고 아이들, 부모님과 친구들 선물을 사는 등 명절을 준비한다. 그런데 가장 중요한 것은 아름다운 새해 트리를 구입하는 것이다. 모든 사람들은 새해를 트리 옆에서 맞이하기를 원해서 도시에 가장 사람이 많은 곳이 트리 시장이다. 매일 아이들은 똑 같은 질문을 한다. 《우린 언제 트리를 꾸며요?》 트리 장식은 어른과 아이들에게 큰 기쁨거리여서 많은 집에서 온 가족이 함께 트리를 장식한다.

어디서 이 명절이 왔을까? 고대 루시에서 새해는 3월에 시작되었고, 봄, 태양, 온기, 기대, 새로운 수확의 명절로 기념하였다. 오늘날 러시아에서는 이 시기에 봄맞이 주간인 마슬레니짜를 기념하며 태양처럼 둥근 맛있는 블린 음식을 굽는다.

10세기에 루시는 기독교를 수용해서 새해를 비잔틴 달력에 따라 9월 1일에 기념하기 시작했다. 1700년 전야에 뾰뜨르 1세는 새해를 유럽 달력에 따라 기념하기로 결정하였다. 뾰뜨르 1세는 모든 모스크바인들에게 각자의 집을 소나무나 전나무 가지로 장식할 것을 제안하였다. 밤 12시에 뾰뜨르 1세는 붉은 광장으로 손에 횃불을 들고 나와서 하늘로 첫 로켓을 발사하였다.

300년 전 사람들은 트리를 장식하면서 악한 힘을 선하게 만든다고 믿었다. 시간이 흐름에 따라, 악한 힘에 대해선 잊혀져 갔지만 트리는 이전처럼 여전히 새해축제의 상징이다.

2단계 | 러시아어 단어&숙어 익히기

житель 주민
поздравлять/ поздравить (+ кого + с чем) 축하하다
падать 떨어지다, 넘어지다
вечнозелёные растения 상록수
одинаково 똑같이
уютно 편안하게
празднично 축제처럼, 명절 기분으로

оптимистический 낙관적인
надежда 희망
радостный 기쁜
в праздиничные дни 축제일에, 명절에
витрина 진열대
нарядный 성장한, 잘 꾸민, 화려한
ёлка 전나무, 트리
спешивать / спешить 서두르다
многолюдный 사람이 많은
задавать / задать (과제 등을) 주다, 맡기다
один и тот же 동일한
наряжать 치장하다, 꾸미다
удовольствие 만족
праздновать 경축하다
отмечать / отметить 언급하다, 기리다
Масленица 사육제
печь 굽다
блин 블린(러시아식 팬케이크)
принять христианство 기독교를 수용하다
по византийскому календарю 비잔틴 달력에 따라
по европейскому обычаю 유럽 풍습에 따라
предлагать / предложить 제안하다
сосновный 소나무의
елочный 전나무의
ветка 가지
факел 횃불
запускать / запустить 발사하다
верить / поверить 믿다
украшать / украсить 장식하다
злой 악한

3단계 | 러시아어 문법 배우기

시간 부사절

1. 주절의 행위와 시간 부사절의 행위가 동시에 일어나는 경우에는 접속사 когда, в то время, как, пока, по мере того как을 사용한다.

   Когда мы возвращались домой, шёл дождь.
   우리가 집에 돌아왔을 때, 비가 왔다.
   В то время как в поле дует ветер, в лесу тихо и тепло.
   들판에 바람이 불자, 숲은 조용하고 따뜻하다.
   Пока мы собирались в дорогу, стало темно.
   우리가 길거리에 모였을 때, 어두워졌다.
   По мере того как мы поднимались в гору, горизонт расшрялся.
   우리가 산에 올라감에 따라, 지평선이 넓어졌다.

   *** по мере того как은 행위가 점진적으로 전개되는 것을 의미하기 때문에, 주절과 종속절의 동사는 반드시 불완료상 동사를 사용해야 한다.
   *** когда절의 경우, 주절에 то 또는 тогда가 사용되기도 한다.
   Когда отец возвратился, то ни дочери, ни сына не было дома.
   아버지가 돌아왔을 때, 그땐 집에는 딸도 아들도 없었다.
   Он не пришёл даже тогда, когда ему нужна была моя помощь.
   그는 내 도움이 필요했을 때, 그때서야 왔다.

2. 주절의 행위가 시간부사절의 행위보다 뒤늦게 일어나는 경우에 접속사 когда, после того как, с тех пор как을 사용한다.

   Когда дождь кончился, мы вышли из дома.
   비가 그친 후 우리는 집에서 나왔다.

После того как работа была закончена, все разъехались по домам.
일이 끝난 후 모두는 각자 집으로 갔다.
Как только скрылось солнце, стало очень холодно.
해가 떨어진 후, 매우 추워지기 시작했다.
С тех пор как он приехал, прошло три года.
그가 온 이후 삼 년이 흘렀다.

3. 주절의 행위가 시간부사절의 행위보다 먼저 일어나는 경우 다음의 접속사를 사용한다.

   1) прежде как, перед тем как, до того как

      Прежде чем стемнело, мы добрались до дому.
      어두워지기 전에 우리는 집에 도착했다.
      До того как начнутся каникулы, мы должны сдать два экзамена.
      방학이 시작되기 전에 우리는 시험 두 개를 통과해야 한다.

      주절의 주어와 시간 부사절의 주어가 같을 경우, 시간부사절의 술어를 동사원형으로 표현하고, 주어를 생략하기도 한다.
      Прежде чем войти, он постучал.
      들어가기 전 그는 노크했다.
      Перед тем как уйти, мне нужно убрать комнату.
      떠나기 전, 나는 방을 치워야 한다.

   2) пока не, до тех пор, пока не

      Мы следили за лодкой, пока она не скрылась из виду.
      배가 시야에서 사라질 때까지 지켜보았다.

Я бродил до тех пор, пока солнце не ушло за горизонт..
태양이 지평선 너머로 사라질 때까지 돌아다녔다.

대명사 каждый, любой, всякий

каждый, любой, всякий는 동종의 많은 것들 중에서 '개별적인 단위'를 의미한다.

Всякий (каждый, любой) человек на моём месте поступил бы так же.
누구라도 내 자리였다면 그렇게 했을 것이다.
Это знает каждый (любой) школьник.
이것은 초등학생도 안다.
Любой (всякий) укажет вам дорогу на станцию.
누구나 당신에게 지하철 역으로 가는 길을 알려줄 것입니다.

1. каждый

1) **каждый**는 **все**와 비슷한 의미로 사용되기도 한다. 이 경우에는 **любой**, **всякий**로 대체할 수 없다.

   На совещании высказался каждый присутствующий.
   회의에서 모든 참석자가 발언을 했다.
   На совещании высказались все присутствующие.
   회의에서 모든 참석자가 발언을 했다.

2) 대명사 **каждый**는 보통 단수로 사용된다: **каждый ученик, каждая страна, каждое слово**
   복수로만 사용되는 명사나 수량수사와 결합할 경우에 복수로 사용된다.

Он приезжал каждые сутки.
그는 매일 오곤 했다.
Мы встречались каждые два дня.
우리는 이틀에 한 번 만났다.
Каждые четыре человека поместились в отдельной комнате.
방 하나에 네 명씩 들어갔다.

2. любой

Ты можешь взять любую книгу, которая тебе нравится.
네가 마음에 드는 책은 아무거나 가져도 된다.
이 의미를 가질 경우 каждый, всякий로 대체할 수 없다.

비교) Зайди в любой книжный магазин и купи эту книгу.
 아무 서점이라도 가서 이 책을 사라.
 Эта книга есть в любом (каждом, всяком) книжном магазине.
 이 책은 모든 서점에 있다.

3. всякий

'다양한' 의 의미를 가지기도 한다.
이 경우 каждый, любой로 대체할 수 없다.

В нашей реке водится всякая рыба.
우리 강에는 다양한 물고기가 있다.
Он читал всякие книги.
그는 다양한 종류의 책을 읽었다.
Он рассказывал всякие интересные истории.
그는 흥미로운 다양한 역사 이야기를 해주었다.
이 경우 каждый, любой로 대체할 수 없다.

4단계 | 러시아어 표현 따라잡기

- делать + что + 형용사 조격/비교급
  Нам надо делать город чистым и удобным.
  우리는 도시를 청결하고 편안하게 만들어야 한다.
  Сделайте свою жизнь достойной!
  자신의 삶을 가치 있게 만드세요!
  Интернет делает жизнь уютной.
  인터넷은 생활을 편안하게 만들고 있다.
  300 лет назад люди верили, что украшая ёлку, они делают злые силы добрее.
  300년전 사람들은 트리를 장식하면서 악한 힘을 선하게 만든다고 믿었다.

- праздновать, отмечать
  Когда празднуют (отмемают) Новый год в Корее?
  한국에서는 설을 언제 쇠나요?
  В Корее празднуют (отмемают) 1-ого января по лунному календарю.
  한국에서는 음력으로 1월 1일에 설을 쉽니다.
  Как празднуют (отмечают) Рождество в России?
  러시아에서는 크리스마스를 어떻게 보내나요?

- приготовиться к чему '준비하다' 표현
  Инвесторам следует приготовиться к глобальному продовольственному кризису.
  투자가들은 글로벌식량위기에 대비해야 한다.
  Нужно лучше приготовиться к экзамену.
  시험을 잘 준비해야 한다.
  Они спешат закончить дела старого года, приготовиться к празднику.
  그들은 지난 해 일을 마치고 명절 준비를 서두른다.

⭐ предложить+ кому+ инф

Профессор предложил мне учиться за рубежом.

교수는 나에게 유학 갈 것을 제안하였다.

ООН предлагает развитым странам повысить роль в борьбе с бедностью.

유엔은 선진국에게 빈고퇴치를 위해 역할을 제고할 것을 제안한다.

Пётр Первый предложил всем москвичам украсить свои дома сосновыми или елочными ветками.

뾰뜨르 1세는 모든 모스크바인들에게 각자의 집을 소나무나 전나무 가지로 장식할 것을 제안하였다.

5단계 | 러시아어로 말하기

Диалог 1

Зина : Сегодня двадцать пятое декабря.

Поздравляю тебя с Рождеством.

Миша : С Рождеством.

Зина, знаешь, у нас сегодня не отмечают Рождество.

Зина : А когда в России отмечают Рождество?

Миша : Седьмого яеваря.

Зина : Как русские празднуют Рождество?

Миша : В доме ещё стоит новогодняя ёлка.

Люди не работают, идут в церковь.

Дома готовят рождественские пряники, и в гости на Рождество принято звать самых близких людей.

Урок 15 Новый год

6단계 | 러시아어 연습마당

Ⅰ. 다음 질문에 러시아어로 답하시오.

1. Какой праздник самый любимый в России?
2. Как русские поздравляют друг друга в Новом году?
3. Какие места самые многолюдные в городе, когда наступает Новый год?
4. Как проходит украшение ёлки?
5. Откуда идёт обычай встречать Новый год?
6. Зачем украшали ёлку раньше?.
7. Расскажите о встрече Нового года в Корее.

Ⅱ. 다음 단문을 접속사 когда를 사용하여 시간 부사절로 만드시오

1. Листья желтеют. Наступает осень.
2. Озеро шумит. Дует сильный ветер.
3. Дети катаются на коньках. Нступает зима.
4. Мы вернулись домой. Бчло совсем темно.
5. Он открыл окно. В комнату ворвался сильный ветер.
6. Мы постучали в дверь. В квартире послышались шани.
7. Пришла весна. Перелётные птицы вернулись в наши края.
8. Корабль был далеко от берега. Началась буря.
9. Он пришёл. Все уже собрались.
10. Мы пришли в театр. До начала спектакли оставалось 15 минут.

Ⅲ. 접속사 когда, после того как, до тех пор как, пока не, по мере того как, прежде чем을 사용하여 밑줄 친 부분을 시간 부사절로 만드시오.

1. <u>С началом лета</u> детей всегда отправляли за город на дачу.
2. <u>По окончанию техникума</u> брат поступил на завод.
3. <u>С наступлением вечера</u> в горах стало темно.
4. <u>По возвращению в родной город</u> она опять стала работать на фабрике.
5. <u>До завершения этой работы</u> он не может уехать отсюда.
6. <u>По мере нашего продвиждения</u> в глубь леса идти становится всё труднее.
7. <u>До полного выздоровления</u> ему нельзя выходить из дома.
8. <u>Перед отъездом в командировку</u> обязательно зайди ко мне.
9. <u>Во время войны</u> она работала сестрой в госпитале.

Ⅳ. 다음 문장을 접속사 с тех пор как, пока, по мере того как, пока не, после того как을 사용하여 시간부사절로 만드시오. 밑줄 친 문장을 주절로 만드시오.

1. Ребёнок заснул. <u>Мать вышла из комнаты</u>.
2. <u>Он почти не изменился</u>. Мы виделись в последний раз.
3. Друзья разговаривали. <u>Он успел сходить в магазин</u>.
4. Альпинисты поднимались в гору. <u>Становилось холоднее</u>.
5. Садись и работай. <u>Всё задание будет выполнено</u>.

Ⅴ. 다음을 러시아어로 옮기시오.

1. 서울 시장은 서울을 편안하고 행복한 도시로 만들겠다고 약속했다.

2. 한국인들은 설을 쇠기 위해 고향으로 내려간다.

3. 유엔은 산업선진국에 온실가스를 줄일 것을 제안하였다.

4. 러시아는 비잔틴 달력에 따라 크리스마스를 경축한다.

5. 전 세계는 지구온난화에 준비해야 한다.

러시아 속담 한 마디

Кто рано встаёт, тому бог подаёт.
부지런한 한 자를 하늘은 돕는다.

Урок

16

Камень
(По О. Козыреву)

돌덩이

1단계 | 함께 러시아 읽기

Камень (По О. Козыреву)

На берегу большого океана жил Камень. Он смотрел на полёты чаек, на прибой и очень тосковал. Это был грустный Камень. А грустил он, потому что умел мечтать. Его друзья, тоже камни, не понимали его. Они только смеялись над ним и шушукались друг с другом за его спиной. Другие камни целый день только и делали, что нежились на солнце и рассказывали свежие сплетни.

У камня была странная мечта. Он хотел плавать. Все знали об этом, и Камень часто слышал злые шутки от своих соседей.

- Ну как? - ехидно спрашивали они его каждое утро. - Ещё не уплыл?

И весь берег начинал хохотать.

Проходили дни, месяцы, годы. Некоторые камни уносили штормом, некоторые приносило. А Камень всё ждал и верил в свою мечту. Он видел сны, как он уплывёт далеко-далеко и увидит страны, в которых ему рассказывали чайки.

Чайки считали Камень сумашедшим, но любили откладывать яйца рядом с ним. Ведь он был тёплым камнем.

Однажды ночью Камень проснулся от какого-то шума. Этот шум шёл от него самого, Тку - тук! - что-то стучало внутри него.

В тревоге он пошевелился. Пошевелился!!!

Только сейчас он понял, что сбылась его мечта. Внутри у него билось сердце, он мог ходить! Осторожно, медленно он подошёл к воде. Океан мягко принял, поднял его и понёс в свои бескрайные просторы.

Пришло утро.

- Ну как? Ещё не... - и вдруг все заметили что Камня нет.
- Неужели уплыл? - спросил маленький Камушек.
- Ерунда! Его просто унесло волной, - сердито сказал старый Валун.

Так все и решили, хотя знали, что ночью был штиль и на море не было ни одной волны.

Только маленький камушек смотрел в даль горизонта и мечтал отправиться за Камнем.

А Камень плыл всё дальше и дальше. Он был первым, вернее - первой.

Первый на земле Черепахой.

돌덩이

커다란 바닷가에 돌덩이가 살았다. 돌덩이는 갈매기가 나는 것과 밀려드는 파도를 보며 깊은 우수에 잠겼다. 우울한 돌덩이였다. 돌덩이가 우울한 것은 꿈을 꿀 수 있었기 때문이다. 친구들, 물론 다른 돌들은 그를 이해하지 못했다. 그들은 돌덩이를 비웃었고 그의 뒤에서 서로 수군덕거렸다. 그들이 온 종일 하는 일이라곤 햇볕아래 편안히 누워 있거나 새로운 소문을 이야기 하는 것이었다.

돌덩이에겐 이상한 꿈이 있었다. 그는 헤엄을 치고 싶었다. 모두가 이를 알고 있어서 돌덩이는 자주 자기 주변으로부터 놀림을 받았었다.

– 자 어찌됐나? – 매일 아침 그에게 심술궂게 물어봤다. – 아직 헤엄쳐 안 갔어?

바다 전체가 껄껄 웃기 시작했다.

날이 가고, 달이 가고 몇 해가 지나갔다. 돌 몇 개는 폭풍우에 떠내려 갔고, 또 다른 돌 몇 개는 떠내려 왔다. 돌덩이는 여전히 기다렸고 자기 꿈을 믿었다. 그는 자기가 멀리 멀리 헤엄쳐 가서, 갈매기가 말해주었던 나라들을 보는 꿈을 꾸었다. 갈매기들은 돌덩이가 미쳤다고 생각했지만, 그의 옆에 알들을 놓아두는 것을 좋아했다. 그가 따뜻한 돌이었기 때문이다.

어느 날 밤 돌덩이는 어떤 소리에 잠에서 깼다. 그 소리는 자기에게서 나는 것이었다. 뚝 – 뚝! – 그의 몸 안에서 뭔가가 두들겼다.

그는 놀라서 살짝 움직여 봤다. 살짝 움직였다!!!

지금에서야 그는 알게 되었다. 그의 꿈이 이루어진 것을. 그의 몸 안에서 심장이 뛰었다, 그가 다닐 수 있었다! 조심스럽게, 천천히 그는 물로 다가갔다. 바다는 부드럽게 돌덩이를 맞아 주었고, 그를 들어올려 망망대해로 데려갔다.

아침이 왔다.

– 자 어찌 됐나? 아직도 ... – 갑자기 모두는 돌덩이가 없어진 것을 알아 차렸다.

– 정말 헤엄쳐 간 거예요? – 작은 돌멩이가 물었디.

– 이 바보야! 게는 단지 파도에 떠내려간 거라고, – 늙은 큰 돌이 화를 내며 말했다. 그들 모두는 그리 결정하였다. 밤에 바람 한 점 없어서 바다에 파도가 전혀 일지 않았다는 것을 알았지만 말이다.

작은 돌멩이만이 수평선 저 너머를 바라보며 돌덩이를 따라가는 꿈을 꾸고 있었다.
돌덩이는 계속 더 멀리, 더 멀리 헤엄쳐 갔다.
그가 이 땅의 첫 번째 거북이었다.

2단계 | 러시아어 단어&숙어 익히기

полёт 비행
чайка 갈매기
прибой 밀려드는 파도
тосковать 우수에 젖다
грустный 우울한
уметь (+инф.) -할 수 있다
мечтать (+о чём) -를 꿈꾸다
смеяться над (+ кем / чем) -를 비웃다
шушукаться 소곤거리다
сплетни 소문
шутка 농담
ехидно 심술궂게
хохотать 껄껄 웃다
уносить / унести 가져가다
шторм 폭풍
верить во что 믿다
сумашедший 미친
откладывать / отложить 옆에 놓다, 미루다
шевелиться / пошевелиться 살짝 움직이다
замечать / заметить 알아차리다
неужели 정말인가, 과연 그런가
смотреть в даль 멀리 바라보다
отправляться / отправиться 향하다, 출발하다

3단계 | 러시아어 문법 배우기

ЧТО절

что절은 주로 통보, 생각, 감정, 인지 등을 의미하는 술어와 결합한다. что절은 통보, 생각, 감정의 내용을 규명한다.

Староста сообщил нам, что экзамен по химии будет через неделю.
과대표는 일주일 후에 화학 시험이 있다고 알려줬다.

Я думаю, что все студенты нашей группы хорошо сдадут экзамен.
나는 우리 그룹의 모든 학생이 시험을 잘 볼 거라고 생각한다.

Мы рады, что ты хорошо сдал экзамен.
우리는 네가 시험을 잘 봐서 기쁘다.

Странно, что он не прислал ни одного письма.
그가 한 통의 편지도 보내지 않은 것이 이상하다.

что절은 다음의 주절의 술어와 주로 결합한다.

1) 통보, 발화, 생각, 감정, 인지 등을 나타내는 동사 (говорить, сообщить, заявлять, думать, понимать, радоваться, радовать, удивляться, удивлять, знать, видеть, слышать, замечать, чувствовать, нравиться)

Друзья сказали мне, что завтра будет собрание. (Что сказали мне друзья?)
친구들은 내일 모임이 있다고 내게 말해 주었다.

Я знаю, что завтра будет собрание. (Что я знаю?, О чём я знаю?)
내일 모임이 있을 것을 나는 안다.

Я слышал, что будет собрание. (Что я слышал?, О чём я слышал?)
나는 내일 모임이 있다는 것을 들었다.

Мы удивились, что ты так рано вернулся. (Что нас удивило?)
우리는 네가 너무 일찍 돌아와서 놀랐다.
Мне нравится, что он всегда выполняет свои обещания. (Что мне нравится?)
그가 항상 약속을 지키는 것이 마음에 든다.

2) 형용사 단어미형 (**рад, счастлив, доволен, виноват, уверен**)

Дети рады, что отец вернулся. (Чему рады дети?)
아이들은 아버지가 돌아와서 기뻐한다.
Мать довольна, что сын поступил в институт. (Чем довольна мать?)
어머니는 아들이 대학에 입학해서 만족하고 있다.
Ты виноват, что мы опоздали. (В чём ты виноват?)
우리가 늦은 건 네 잘못이다.
Все уверены, что он хорошо выполнит поручение. (В чём все уверены?)
모두는 그가 지시사항을 잘 이행할 것이라고 확신하고 있다.

3) 술어부사

Приятно, что друзья меня помнят. (Что приятно?)
친구들이 나를 기억하는 것이 기쁘다.
Видно, что ему трудно работать. (Что видно?)
그가 열심히 일하는 것이 보인다.
Ясно, что надо продолжать работу. (Что ясно?)
일을 계속해야 할 것이 분명하다.
Жаль (Жалко), что вы уезжайте. (Что жалко?)
당신이 떠나는 것이 유감이다.

4) 피동사 형동사 단어미형

В объявлении было сказано, что собраниие состоится в понедельник.
(Что было сказано в объявлении?)
공지에 회의가 월요일에 열린다고 적혀있다.
Было объявлено, что собраниие переносится на пятницу
(Что было сказано объявлено?)
회의가 금요일로 옮겨졌다고 공지되었다.

чтобы절

주절 술어가 희망, 의향, 요청, 요구, 지시 등을 나타낼 때 чтобы 절과 결합한다.
Я хочу, чтобы вы меня правильно поняли.
당신이 나를 올바르게 이해해주기를 원한다.
Учитель тебует, чтобы ученики были внимательны.
교사는 학생들이 주의를 기울일 것을 요구했다.
Нужно, чтобы все участвовали в этой работе.
모두가 이 일에 참여하는 것이 필요하다.

чтобы절은 다음의 주절의 술어와 주로 결합한다.

1) 희망, 요청, 의향, 지시 등을 의미하는 동사 (хотеть, желать, требовать, стремиться, бороться, заботиться, просить, приказывать, велеть)

Я хочу, чтобы вы ответили на этот вопрос. (Чего я хочу?)
나는 당신이 이 질문에 대답하기를 원한다.
Друг просил, чтобы я дал ему свою книгу. (О чём просил друг?)
친구는 나에게 책을 주기를 요청했다.

Она заботилась, чтобы в доме всегда был порядок. (О чём она зоботилась?)

그녀는 집이 항상 정돈되어 있는 것에 신경썼다.

2) 필요성, 희망을 의미하는 술어부사 (нужно, надо, необходимо, желательно)

Нужно (надо), чтобы стенгазета была готова к субботе. (Что нужно?)

벽보가 토요일까지 준비되어야 한다.

Необходимо, чтобы на собрании присутствовали все. (Что необходимо?)

회의에 모두가 참석해야 한다.

3) 피동형동사 단어미 중성형

Приказано, чтобы все собрались к девяти утра. (Что приказано?)

모두는 아침 9시까지 모일 것을 지시했다.

сказать, написать, предупредить, сказано, написано, важно 등의 술어는 что절, чтобы절과 결합할 수 있다. 이때 어떤 절이 오느냐에 따라 의미가 달라진다.

что절이 오면, 사실에 대한 통보를 나타내며, чтобы절의 경우에는 희망, 요청을 나타낸다.

비교) Он сказал, что друзья пришли.

그는 친구들이 왔다고 말했다.

Он сказал, чтобы друзья пришли.

그는 친구들이 오기를 바란다고 말했다.

В телеграмме было сказано, что он приехал.

전보에 그가 온다고 적혀 있었다.

В телеграмме было сказано, чтобы он приехал.

전보에 그가 오기를 바란다고 적혀있었다.

Важно, что все это поняли.
모두가 이것을 이해했다는 것이 중요하다.
Важно, чтобы все это поняли.
모두가 이것을 이해하는 것이 중요하다.

как절

как절은 주로 인지를 의미하는 술어(видеть, слышать, заметить, видно, слышно, заметно)와 결합한다. видеть, слышать, заметить, видно, слышно, заметно는 что절과도 결합할 수 있다.

Я видел, как играли дети.
아이들이 노는 것을 보았다.
Мы слышали, как пролетел самолёт.
우리는 비행기가 나는 소리를 들었다.
В комнате было слышно, как они кричали и смеялись.
방에서 그들이 소리치고 웃는 소리가 들렸다.

смотреть, слушать, наблюдать, следить, любоваться는 как절과만 결합한다.
Я лежал на спине и смотрел, как по небу медленно двигались облака.
나는 누워서 하늘에서 구름이 천천히 움직이는 것을 보았다.
Мы наблюдали, как дети играли во дворе.
우리는 마당에서 노는 것을 지켜 보았다.

원인절

почему? из-за чего? по какой причине? отчего? 등으로 물었을 때 그에

대한 원인을 나타내는 절이다. 원인절은 потому что, так как, ибо, оттого что, вследствие того что, ввиду того что, в силу того что, из-за того что 접속사를 사용한다.

потому что, ибо는 항상 주절 뒤에 위치한다. так как은 주절 앞이나 뒤에 다 올 수 있다.

потому что는 구어체뿐만 아니라, 문어체에서도 사용되며, ибо, оттого что, вследствие того что, ввиду того что, в силу того что, из-за того что 등은 주로 문어체에서 사용된다.

На улицах было много народу, потому что был праздник.
명절이어서 거리엔 사람들이 많았다.
Так как работали без перерыва, мы устали.
(Мы устали, так как работали без перерыва.)
우리는 쉬지 않고 일했기 때문에, 지쳤다.
Спать не хотелось, ибо на душе было неспокойно, тяжело (Чехов).
마음이 평온하지 않고 무거웠기 때문에 잠을 자고 싶지 않았다.
Оттого того, что мы встали очень рано и потом ничего не делали, этот дент казался очень длинным, самым длинным в моей жизни (Чехов).
우리는 매우 일찍 일어난 다음 아무 것도 하지 않았기 때문에, 이 날이 무척 길게, 내 삶에서 가장 길게 여겨졌다.

양보절

양보절은 접속사 хотя, несмотря на то, что, пусть(пускай)를 사용하여 나타낸다.
Так все и решили, хотя знали, что ночью был штиль и на море не было ни одной волны.

밤에 바람 한 점 없어서 바다에 파도가 전혀 일지 않았다는 것을 알았을 지라도, 그들 모두는 그렇게 결정하였다.

Хотя наступил ветер, было очень жарко.

Несмотря на то, что наступил ветер, было очень жарко.

바람이 불었을 지라도 몹시 더웠다

Хотя ему было трудно, он справился с работой.

Несмотря на то, что ему было трудно, он справился с работой.

그는 어려웠을 지라도 일을 처리하였다.

Пусть нам трудно, мы не остановились на полпути.

우리는 힘들었지만, 중도에 멈추지 않았다.

4단계 | 러시아어 표현 따라잡기

- **уметь +инф.** 표현 《-를 할 수 있다》
  학습을 통해 얻게 된 능력을 나타낼 때 уметь동사를 사용한다.
  Он умеет говорить по- русски. 그는 러시아어로 말할 수 있다.
  Он не умеет читать. 그는 글을 읽을 줄 모른다.
  Она умеет шить. 그녀는 옷을 만들 수 있다.
  Я делаю, как умеею. 나는 할 수 있는 것을 한다.

- **верить во что** 《-를 믿다, 확신하다》
  Мы верим в победу. 우리는 승리를 믿는다.
  Камень верил в свою мечту. 돌덩이는 자신의 소망을 믿었다.
  Он верит в правоту своего дела. 그는 자신의 일의 정당성을 확신했다.

5단계 | 러시아어로 말하기

Диалог 1

Вова : Привет, что нового? О чём разговор? Обо мне?

Лара : Конечно. О ком же ещё?

Вова : Ну, а серьёзно?

Лара : Да вот, я только сегодня узнала, что наша команда поедет в спортивный лагерь, в город Мурманск. Туда, где полярный день, где солнце светит все 24 часа.

Вова : Это, конечно, интересно. Но я думал, что ты в волейбол играешь, а не на лыжах ходишь. Не забудь зимнее пальто и шапку!

Лара : Да что ты, Вова! Ты плохо знаешь Север! Лето там не такое холодное, как ты думаешь. Конечно, летом вся Россия едет в отпуск на юг.

А мы не как все! Мы едем на Север. Каждое утро у нас будут тренировки, А в свободное время мы осмотрим город и, конечно, известный мурманский порт.

Света : А мы поедем в Ялту. Там можно прекрасно отдохнуть.

Вова : Прекрасно отдохнуть? Ха-ха-ха! Это смешно! Там на пляже нет места ни стоять, ни лежать.

Света : Ты всегда всё знаешь!

Вика : Ох, ребята, как я вам завидую! А мы в этом году опять проведём лето на нашей даче.

Лара : Но у нас на даче так хорошо! Там можно купаться в озере, загорать, ходить в лес, Собирать грибы...

Вова : А Костя тоже всё лето будет на даче? Может быть, он вместе с нами пойдёт в подход в горы? Ему нужны только рюкзак и спортивная обувь.

А палатка у нас есть.

Вика : Думаю, что эта идея Косте понравится. Я обязательно скажу ему об этом.

Смотрите! Вот Игорь идёт.

Игорь : Привет, ребята!

Света : Привет! Как дела? Что ты будешь делать летом?

Игорь : Я поеду в круиз на Волге.

Вова : Ого! Ты уже капиталистом стал!

Игорь : Какой же я капиталист? Я сам заработаю деньги на .ту поездку.

Буду работать на заводе, а потом поеду на Волгу.

Вика : Ну, молодец ты, Игорь!

6단계 | 러시아어 연습마당

I. 다음 질문에 러시아어로 답하시오.

1. Почему Камень очень тосковал?
2. Что весь день делали другие камни?
3. Какая мечта была у Камня?
4. Почему по утрам весь берег хохотал?
5. Какие сны видел Камень?
6. Что случилось однажды ночью?
7. Почему старый Валун сердито сказал, что Камень просто унесло волной.
8. Кем стал Камень?

II. 빈 칸에 что나 чтобы를 넣으시오.

1. Я хотел, _____ мои друзья скорее вернулись из дома отдыха.
2. Я сегодня узнал, _____ мои друзья вернулись из дома отдыха.
3. Они почувствовали, _____ очень устала и не может продолжать работу.
4. Надо, _____ вы отдохнули и потом продолжали работу.
5. Из этого письма я узнал, _____ моя сестра поступила в университет.
6. Мать всегда хотела, _____ сестра поступила в университет.

7. Перподаватель попросил студентов, _____ они ещё раз прочитали текст.

8. Перподаватель сказал студентам, _____ они должны ещё раз прочитать текст.

9. Мы рады, _____ ты хорошо сдал экзамен.

10. Мы все хотели, _____ ты хорошо сдал экзамен.

11. Соседка сказала, _____ ко мне приходил кто-то.

12. Я попросил моего друга, _____ он пришёл ко мне.

13. Нужно, _____ вы меня правильно поняли.

14. Я думаю, _____ вы меня правильно поняли.

15. Все хотят, _____ завтра была хорошая погода.

16. Все довольны, _____ вчера была хорошая погода.

Ⅲ. 다음에서 что로 바꾸는 것이 가능한 문장을 고르시오.

1. Она с грустью смотрела, как ветер кружил в воздухе жёлтые листья.

2. Я лежал в постели и слушал, как дождь стучал по крыше.

3. Мы часто ходили на бкрег смотреть, как за морем садилось солнце.

4. В окно было видно, как к воротам подъехала машина.

5. Мальчик наблюдал, как муравья ползали по стволу дерева.

6. Вдруг мы услышали, как заскрипела дверь и кто-то вошёл в соседнюю комнату.

7. Я увидел, как она подошла, к преподавателю и стала о чём-то разговаривать с ним.

8. Было слышно, как за окном шумел ветер.

IV. 다음 문장을 접속사 потому что, так как을 사용하여 복문으로 만드시오.

1. В самом начале я сделал ошибку. Я не мог решить задачу.

2. Ярко светило солнце. Снег быстро таял.

3. Он был болен. Он не был на занятиях.

4. Было уже поздно. Мы пошли домой.

5. Все быстро заснули. Все очень устали.

6. Деревья стали желтеть. Приближалась осень.

7. Вода в реке сильно поднялась. Целую неделю шли дожди.

8. Тучи закрыли луну. Стало совсем темно.

9. На факультете никого не было. Лекции давно кончились.

10. У меня не было этой книги. Я пошёл в библиотеку.

V. 다음을 러시아어로 옮기시오.

1. 사람들은 등 뒤에서 그를 비웃었다.

2. 그녀는 러시아어로 글을 쓸 줄 안다.

3. 부모는 자식의 재능과 잠재력을 믿는다.

4. 바람에 돛단배가 떠내려갔다.

5. 그는 자신의 꿈을 포기했기 때문에 우울하였다.

6. 그는 시간이 없었을 지라도 열심히 공부하였다.

러시아 속담 한 마디

Капля камень точит.
낙숫물이 돌을 뚫는다.

Урок

17

Метель
(По повести А.С. Пушкина)

눈보라

● 1단계 | 함께 러시아 읽기

Метель (По повести А.С. Пушкина)

В одной деревне в семье помещика жила семнадцатилетняя девушка, которую звали Марья Гавриловна (Маша). Она очень любила читать французские романы. Она мечтала, что в её жизни будет большая любовь и большие страдания, которые как в романах, окончатся счастливо.

Она любила бедного офицера Владимира. Он тоже любил Машу, но её родители были против их брака, потому что хотели выдать дочь замуж за богатого человека.

Молодые люди часто встречались тайком от всех. Они решили, что не могут жить друг без друга и решили пожениться тайно. Потом, думали они, можно будет броситься к ногам родителей, которые очень любят дочь и, конечно, простят их.

В день, когда Марья Гавриловна решила бежать из дома и обвенчаться с Владимиром, на улице была ужасная метель. Но Марья Гавриловна приехала в церковь вовремя. Владимир должен был уже ждать её там, его там не было. В темноте, в метели, Владимир потерял дорогу. Марья Гавриловна ждала его в церкви, почти всю ночь. Утром она вернулась домой. Никто ничего не знал об этой истоии. Вечером Марья Гавриловна заболела, а когда выздоровела через две недели, узнала, что Владимир уехал в армию и через несколько месяцев погиб.

Прошло три года. Умер отец Марьи Гавриловны., она осталась жить с матерью. У богатой и милой Марьи Гавриловны было много женихов, но она никому не подавала надежды. Однажды в доме Марьи Гавриловны появился молодой красивый офицер

Бурмин. Он понравиля девушке, и она тоже понравилась ему. Они вместе гуляли, беседовали, но Бурмин ничего не говорил о своём чувстве. Марья Гавриловна ждала, ждала её мать, но Бурмин молчал.

И вот наконец произошло объяснение...

- Я вас люблю, - сказал Бурмин. - Но мне нужно открыть вам ужасную тайну... Добрая, милая Марья Гавриловна, я знаю, я чувствую, что вы были бы моей женою, но я несчастливый человек. Я женат. Я женат уже четвёртый год и не знаю, кто моя жена, и где она, и увижусь ли с ней когда-нибудь!

- Что вы говорите? - воскликнула Марья Гавриловна - Как это страшно! Продолжайте, я расскажу о себе после, продолжайте.

- В начале 1812 года, - сказал Бурмин, - я спешил в Вильну, в которой находился наш полк. Вдруг началачь ужасная метель. Но я поехал. Метель продолжалась. В метели я потерял дорогу и приехал в незнакомую деревню. Церковь в деревне была открыта. «Сюда! Сюда!» - закричало несколько человек. «Где ты так долго» - сказал мне кто-то. - Поп не знает, что делать. Скорей! ? Я вошёл в церковь. Было полутемно. Ко мне подошёл поп. «Можно начинать?» - спросил он. «Начинайте», ответил я и встал рядом с девушкой. Нас обвенчали.

Поцелуйтесь?, сказал нам. И тут впервые девушка посмотрела на меня. Я хотел её поцеловать. Она закричала. «Ай! Не он! Не он!» - и упала без памяти. Все испуганно на меня посмотрели. Я вышел из церкви.

- Боже мой! - закричала Марья Гавриловна- и вы не знаете, что сделалось с вашей бедной женою?

- Не знаю, ответил Бурмин, - не знаю, как называется деревня, в которой венчался, не помню, с какой станции поехал. Я не имею надежды найти ту, над которой пошутил так жестоко.
- Боже мой! - сказала Марья Гавриловна. - Так это были вы! И вы не узнаёте меня?

Бурмин побледнел... и бросился к её ногам.

눈보라

어느 마을, 지주 가정에 마리야 가브릴로브나라(마샤)고 하는 17세의 처녀가 있었다. 그녀는 프랑스 소설 읽는 것을 매우 좋아했다. 그녀는 그녀의 삶에 소설과도 같이 행복하게 끝나는 큰 사랑과 큰 고통이 있기를 꿈꾸었다.

그녀는 가난한 장교 블라지미르를 사랑했다. 그 또한 마샤를 사랑했지만, 그녀의 부모는 딸을 부자에게 결혼시키고 싶어 했기 때문에 그들의 결혼을 반대하였다.

젊은 연인들은 모두 몰래 자주 만났다. 그들은 서로 없이는 살 수 없다고 생각해서 비밀 결혼을 하기로 결심하였다. 그들은 나중에 딸을 몹시도 사랑하는 부모님의 발 앞에 무릎을 꿇으면 그들을 용서해줄 것이라고 생각했다.

마리야 가브릴로브나가 집에서 도망쳐서 블라지미르와 결혼식을 하려고 한 날, 거리에는 무서운 눈보라가 쳤다. 그러나 마리야 가브릴로브나는 교회로 제 시간에 갔다. 블라지미르는 그녀를 그곳에서 기다리고 있었어야 했는데, 그곳에는 그가 없었다. 어둠 속에서, 눈보라 속에서 블라지미르는 길을 잃었다. 마리야 가브릴로브나는 그를 교회에서 기다렸다, 거의 밤새도록. 아침에 그녀는 집으로 돌아왔다. 아무도 이 이야기에 대해선 전혀 알지 못했다. 저녁에 마리야 가브릴로브나는 앓아 누웠고, 두 주 후에 회복되었을 때 블라지미르가 군으로 떠났고 몇 달 후 죽었다는 것을 알게 되었다.

삼 년이 흘렀다. 마리야 가브릴로브나의 아버지가 세상을 떠났고 그녀는 어머니와 남게 되었다. 재산이 많고 아름다운 마리야 가브릴로브나에게는 많은 구혼자가 있었지만, 그녀는 어느 누구에게도 희망을 주지 않았다. 어느날 마리야 가브릴로브나의 집에 젊고 잘생긴 장교 부르민이 나타났다. 처녀는 그가 마음에 들었고, 그 또한 그녀가 마음에 들었다. 그들은 함께 산책을 했고, 대화를 나누었지만 부르민은 자기 감정에 대해 전혀 말하지 않았다. 마리야 가브릴로브나는 기다렸고, 그녀의 어머니도 기다렸지만 부르민은 침묵했다.

그리고 마침내 설명을 하였다...

- 저는 당신을 사랑합니다. - 하지만 당신께 끔찍한 비밀을 밝혀야만 합니다...친애하고 사랑하는 마리야 가브릴로브나, 전 압니다. 그리고 느끼고 있습니다. 당신이 나의 아내가 되었으면 하는 마음을요. 하지만 전 불행한 남자입니다. 전 결혼한 몸입니다. 결혼한 지 4년째이지만, 전 제 아내가 누구인지, 어디에 있는 지도 모릅니다. 그녀를 언제 볼 수 있을 지도 모릅니다.

- 무슨 말씀을 하시는 거예요? - 마리야 가브릴로브나가 소리쳤다 - 이렇게 끔찍할 수가! 계속해 보세요. 제 이야기는 나중에 할게요. 계속해 보세요.

- 1812년 초에, - 부르민은 말했다, - 전 우리 부대가 위치한 빌나로 서둘러 가고 있었습니다. 갑자기 무서운 눈보라가 시작되었지요. 그러나 전 갔습니다. 눈보라는 계속 되었습니다. 눈보라 속에서 길을 잃었고, 모르는 마을에 도착했습니다. 마을의 교회 문이 열려 있었습니다. 《여기요! 여기!》 - 몇몇 사람들이 소리치기 시작했습니다. 《어디에서 그렇게 오래 있었어요? - 누군가가 제게 말했지요, - 신부님이 어찌해야 할 지 모르고 계십니다. 어서요!》 저는 교회로 들어갔습니다. 어스름하였습니다. 제게 신부님이 다가왔습니다. 《시작해도 되겠습니까?》 - 신부님이 물었습니다. 《시작하십시오》라고 답변을 하고 처녀 옆에 섰습니다. 우리는 결혼식을 올렸습니다.

《입맞춤 하십시오》, 우리에게 이야기했습니다. 그때 처녀가 처음으로 저를 쳐다 보았습니다. 전 그녀에게 입맞추려 했습니다. 그녀가 소리쳤지요. 《아! 그가 아니에요! 그가 아니에요!》 - 그리고 그녀는 의식을 잃고 쓰러졌습니다. 모두가 놀라서 저를 바라보았습니다. 전 교회에서 나왔습니다.

- 세상에나! - 마리야 가브릴로브나가 소리쳤다 - 그래서 당신은 당신의 그 불쌍한 아내가 어찌 되었는지 모르시나요?

- 모릅니다, 부르민이 대답했다, - 모릅니다. 결혼식을 한 마을 이름이 무엇인지,

기억나지 않습니다, 어느 역에서 갔는지를요. 제가 그토록 잔인하게 희롱한 그녀를 찾을 길이 없습니다.

- 세상에나! - 마리야 가브릴로브나가 말했다. - 당신이었군요! 저를 알아 보지 못하시겠어요?

부르민은 창백해졌다...그리고 그녀 발 앞에 몸을 던졌다.

2단계 | 러시아어 단어&숙어 익히기

роман 소설
страдание 고통
офицер 장교
быть против кого/ чего -에 반대하다
брак 결혼
выдать замуж за кого -에게 시집보내다
тайком 비밀리
жениться / пожениться 결혼하다
тайно 비밀리
обвенчаться с кем -와 결혼식을 올리다
метель 눈보라

выздоравливать / выздороветь 건강을 회복하다
погибать / погибнуть 죽다
жених 약혼자, 구혼자
подавать надежды 희망을 주다
спешивать / спешить 서두르다
упасть без памяти 의식을 잃고 쓰러지다
испуганно 놀라서
шутить над кем –에게 장난치다, 희롱하다
жестоко 잔인하게
бледнеть /побледнеть 창백해지다

3단계 | 러시아어 문법 배우기

который 관계 대명사절

접속사 который의 성, 수는 주절의 선행사에 일치한다.

선행사(сад)가 남성 단수이므로 который가 사용된다.
Мы вышли в сад, который спускался к реке.
우리는 강으로 나있는 정원으로 나갔다.

선행사(дорога)가 여성 단수이므로 которая가 사용된다.
Мы пошли по дороге, которая вела к реке.
우리는 강으로 나있는 길을 따라 갔다.

선행사(озеро)가 중성 단수이므로 которое가 사용된다.
Мы направились к озеру, которое находилось в двух километрах от деревни.
우리는 마을에서 2 km 떨어진 호수로 향했다.

선행사(тучи)가 복수이므로 которые가 사용된다.
Солнце спряталось за тучи, которые покрыли всё небо.
모든 하늘을 뒤덮고 있는 구름 뒤로 태양이 숨었다.

격은 부가절의 술어와의 지배관계에 따라 결정된다.
Сегодня ко мне придёт друг, который живёт в Москве.
오늘 나에게 모스크바에 사는 친구가 올 것이다.
Сегодня ко мне придёт друг, которого я давно не видел.
오늘 나에게 오래 동안 보지 못했던 친구가 올 것이다.
Сегодня ко мне придёт друг, которому я обещал помочь.
오늘 나에게 도와 주기로 약속한 친구가 올 것이다.
Сегодня ко мне придёт друг, о котором я тебе рассказывал.
오늘 나에게 네게 이야기했던 친구가 올 것이다.
Сегодня ко мне придёт друг, с которым я вместе учился в школе.
오늘 나에게 학교에서 함께 공부했던 친구가 올 것이다.

Он сегодня закончил доклад, который он будет читать в понедельник.
오늘 그는 월요일에 발표할 보고서를 마쳤다.
Он сегодня закончил доклад, над которым он работал месяц.
오늘 그는 한 달 동안 작업한 보고서를 마쳤다.

Я уже прочитал книгу, которая вышла на прошлой неделе.
나는 지난 주에 나온 책을 읽었다.
Я уже прочитал книгу, которую ты мне дал.
나는 네가 준 책을 읽었다.

Я уже прочитал книгу, о которой ты мне говорил.
나는 네가 말해 준 책을 읽었다.
Я уже прочитал книгу, с которой ты мне советовал познакомиться.
나는 네가 보라고 조언해준 책을 읽었다.

Мы вышли из леса и увидели реку, к которой через поле вела тропинка.
우리는 숲에서 나와 들판 너머 오솔길이 나있는 강을 보았다.
Мы вышли из леса и увидели реку, за которой находилась деревня.
우리는 숲에서 나와 마을 너머에 있는 강을 보았다.
Мы вышли из леса и увидели реку, через которую нужно было переправиться на лодке.
우리는 숲에서 나와 배를 타고 건너야 하는 강을 보았다.

4단계 | 러시아어 표현 따라잡기

> проходить / пройти 표현
> проходить /пройти는 빈도수가 높은 동사이므로 다양한 용도를 익혀두면 요긴하게 사용할 수 있다.
> Они прошли мимо дома.
> 그들은 집을 지나갔다.

Прошли слухи, что он поженился.
그가 결혼했다는 소문이 돌았다.
Во время японского господства корейский народ прошёл через испытания.
일제시대에 한국민은 시련을 겪었다.
Время проходит незаметно.
시간이 모르는 사이 지나가고 있다.
Проект проходит успешно.
사업은 성공적으로 진행되고 있다.
Всё прошло хорошо
모든 것이 잘 되었다.
Это нужно пройти комиссию.
이것은 위원회 비준을 받아야 한다.

- быть против, выступать против 표현

  Мы (выступаем) против терроризма.
  우리는 테러리즘에 반대한다.
  Родители были против брака сына.
  부모님은 아들의 결혼에 반대했다.
  Молодые люди выступают против увеличения срока службы в армии.
  젊은이들은 군 복무 기간 연장에 반대하고 있다.
  Они (выступают) за смену власти.
  그들은 정권 교체를 찬성하고 있다.
  Почему россияне выступают за интернет-цензуру?
  러시아 사람들은 왜 인터넷 검열을 찬성하는가?

5단계 | 러시아어로 말하기

Диалог

Ира : Ты знаешь, я всегда удивляюсь – и когда читала «Евгения Онегина» Пушкина и когда слушала опру: как могла Татьяна первая объясниться мужчине в любви?!

Сунхи : Я согласна с тобой – в девятнадцатом веке это, по-моему, было абсолютноневозможно.

Ира : А сейчас? Возможно?

Сунхи : Ну, не знаю... Конечно, чаше всего бывает, что мальчик объясняется в любви девочке.
У вас тоже?

Ира : Конечно.

Сунхи : Но, согласись, что в наше время это уже не важно: кто кому первый говорит о своей любви.
Мы ведь равноправны.

Ира : Может быть, ты и права. Но я никогда не смогу сказать первая мальчику, что он мне нравится.

Сунхи : Значит, Борис первый должен тебе это сказать, да?

6단계 | 러시아어 연습마당

I. 다음 질문에 러시아어로 답하시오.

1. Почему родители Маши были против её брака с Владимиром?
2. Почему молодые люди решили пожениться тайно?
3. Какая погода была в день венчания?
4. Что случилось с Владимиром в ночь венчания?
5. Почему Марья Гавриловна никому из женихов не подавала надежды?
6. Какую тайну открыл Марье Гавриловне Бурмин?
7. Почему Бурмин приехал в незнакомую деревню?
8. Что произошло в церкви?
9. Как могла закончиться эта история?
10. Как вы думаете, почему Пушкин назвал свою повесть Метель?
11. Известно ли вам было имя А.С. Пушкина раньше? Если да - когда и где вы о нём знали?

II. 다음 문장을 который를 사용하여 보기처럼 연결하시오.

A) Образец: Мы подъехали к дому. Дом был ярко освещен.
   Мы подъехали к дому, который был ярко освещен.

1. Мы пошли по тропинке. Тропинка вела к дому.

2. Утром начался дождь. Дождь не прекращался весь день.

3. Мы спустились к морю. Море в это утро спокойно.

Б) Образец: Я написал сестре. От сестры я давно не получал письма.

Я написал сестре, от которой я давно не получал письма.

1. Посетитель подошёл к столу. За столом сидел секретарь.

2. Дети вбежали в комнату. Среди комнаты стояла ёлка.

3. Наконец вдали засверкали огни деревни.
   В деревне мы могли переночевать.

В) Образец: Мы подошли к дому. Окна дома были ярко освещены.

Мы подошли к дому, окна которого были ярко освещены.

1. У меня есть полное собрание сочинений Пушкина.
   Стихи Пушкина я очень люблю.

2. На столе стояли цветы. Запах наполнял комнату.

3. Мы отдыхали под деревьями. В тени деревьев было прохладно.

Ⅲ. 다음 который 복문을 보기처럼 두 개의 단문으로 만드시오.

Образец: Он ехал берегом озра, из которого вытекала речка.
Он ехал берегом озра. Из озера вытекала речка.

1. Мы увидели лодку, которая медленно приближалась к берегу.

2. Все готовятся к экзаменам, которые скоро начнутся.

3. Падал снег, который тут же таял ...

4. Я хочу успеть на поезд, который отходит в 10 часов.

5. Я получил от брата письмо, в которм он сообщил о своём поступлении в институт.

6. На нашем пути была река, через которую нам нужно было перейти.

7. В воскресенье я пойду в гости к друзьям, у которых я давно не был.

8. В своём докладе он осветил вопросы, которыми все мы интересуемся.

9. Вдали виделось озеро, которое сверкало на солнце.

10. Я живу в комнате, окна которой выходят в сад.

IV. 다음을 러시아어로 옮기시오.

1. 회사 직원들은 임금인하를 강하게 반대하였다.

2. 시간이 화살처럼 지나간다.

3. 우리는 민주주의와 자유 수호를 지지한다.

4. 그는 단 한번도 수업에 늦은 적이 없다.

5. 그녀는 아름다운 사랑을 꿈꾸었다.

러시아 속담 한 마디

Беда беду родит.
엎친 데 덮친 격

Урок

18

Злой Мальчик
(По А.П. Чехову)

못된 녀석

● I단계 | 함께 러시아 읽기

Злой Мальчик (По А.П. Чехову)

Иван Иванович Лапкин, молодой человек приятной наружности, и Анна Семеновна Замблицкая, молодая девушка со вздернутым носиком, спустились вниз по крутому берегу и сели на скамейку. Скамейка стояла у самой воды, между густыми кустами. Здесь было тихо, и никто не мог их видеть, кроме рыб.

— Я рад, что мы наконец одни, — начал Лапкин, оглядываясь кругом. — Я должен сказать вам многое, Анна Семеновна. Очень многое... Когда я увидел вас в первый раз, Я понял тогда, для чего я живу, понял, где мой идеал, которому я должен посвятить свою честную, трудовую жизнь. Увидев вас, я полюбил впервые, полюбил страстно! Скажите мне, моя дорогая, могу ли я надеяться... на взаимность?

В эту счастливую минуту Иван Иванович взял руку девушки, и... они поцеловались. Когда молодые люди целовались, вдруг послышался смех. Они посмотрели на реку и увидели, что в воде, совсем недалеко от них, стоял мальчик. Это был Коля, гимназист, брат Анны Семеновны. Он смотрел на молодых людей и хитро улыбался.

— А-а-а... вы целуетесь? — сказал он. — Хорошо же! Я скажу маме.

— Надеюсь, что вы, как честный человек... — тихо заговорил Иван Иванович , краснея от волнения. — Нехорошо подсматривать и слушать, что говорят не вам, а пересказывать это стыдно! Надеюсь, что вы, как честный человек...

— Дайте рубль, тогда не скажу! — сказал Коля. — А то скажу.

Лапкин вынул из кармана рубль и подал его Коле. Тот быстро схватил рубль, прыгнул в воду и поплыл. А молодые люди на этот раз уже больше не целовались.

На следующий день Лапкин привез Коле из города краски и мячик, а сестра подарила ему все свои коробочки из-под пилюль. Потом пришлось сделать ему и другие подарки. Злому мальчику, очевидно, всё это очень нравилось, и, чтобы получить еще больше, он стал наблюдать. Куда Лапкин с Анной Семеновной, туда и он. Он ни на минуту не оставлял их одних. Он наблюдал за ними всё лето, обещал рассказать всё родителям и требовал всё больше и больше подарков. В конце концов он стал даже просить часы, и несчастным влюблённым пришлось пообещать ему часы...

Однажды за обедом Коля вдруг громко засмеялся и спросил у Лапкина:

— Сказать? А?

Лапкин сильно покраснел, а Анна Семеновна встала из-за стола и убежала в другую комнату.

И в таком положении молодые люди находились до конца августа, до того самого дня, когда, наконец, Лапкин сделал Анне Семеновне предложение. О, какой это был счастливый день! Поговорив с родителями своей будущей жены и получив согласие, Лапкин сразу побежал в сад и принялся искать Колю. Найдя его, он даже закричал от восторга и схватил злого мальчика за ухо. Подбежала Анна Семеновна, тоже искавшая Колю, и схватила его за другое ухо. И нужно было видеть, какое наслаждение было написано на лицах влюблённых, когда Коля плакал и умолял их:

— Милые, хорошие, я больше не буду! Ай, ай, простите!

И потом оба они сознавались, что за всё время, пока были влюблены друг в друга, они ни разу не испытывали такого счастья, как в те минуты, когда драли злого мальчика за уши.

못된 녀석

호감가는 외모의 청년 이반 이바니치 랍낀과 들창코 아가씨 안나 세묘노브나 잠블라쯔까야는 가파른 강변을 따라 내려가 벤치에 앉았다. 벤치는 강가 가까이 우거진 나무 사이에 자리잡고 있었다. 이곳은 조용해서 물고기 외에는 어느 누구도 그들을 볼 수 없었다.

"드디어 우리 둘만 있게 되어 기쁘군요" 이반은 말을 꺼내며 주위를 살폈다.

"당신에게 해야 할 말이 많아요, 안나. 정말 많아요 제가 당신을 처음 봤을 때, 전 그때 깨달았죠, 무엇을 위해 내가 사는지, 정직하고 성실한 내 삶을 다 바쳐 숭배 해야 할 사람이 누구인지… 당신을 보고서, 전 처음으로 사랑에 빠졌죠, 열렬히 사랑하게 되었어요! 사랑하는 당신, 저에게 말해주세요, 제가 바래도 될까요?… 우리가 서로 사랑하는 것을"

이 행복한 순간 이반 이바노비치는 아가씨의 손을 잡았고 그들은 키스를 하였다. 젊은 두 사람이 키스하고 있을 때였다, 갑자기 어디선가 웃음 소리가 들려왔다. 두 사람은 강가 쪽을 바라보았을 때, 물속에 그들과 아주 가까운 곳에 소년이 서 있었다. 안나 시묘노브나의 동생 중학생 꼴랴였다. 그는 물 속에 서서 두 사람을 바라보며 짓궂게 웃고 있었다

"아—아—아 뽀뽀하시나봐요?" 꼴랴가 말했다.

"좋네요! 엄마한테 다 말해야지"

"난 바랍니다. 당신이 정직한 사람으로서…." 이반 이바노비치는 흥분으로 얼굴이 빨갛게 달아올라서는 조용히 말하기 시작했다.

"훔쳐보고 남의 말을 엿듣고 그것을 일러 바치는 건 부끄러운 짓이에요, 난 바랍니다. 당신이 정직한 사람으로서…"

"1루블만 주세요, 그럼 말하지 않을게요" 꼴랴가 말했다.

"안 그럼 다 말할 거에요"

랍낀은 주머니에서 1루블을 꺼내 꼴랴에게 주었다. 꼴랴는 1루블을 쥐고 물 속으로 뚜어들어 헤엄쳐 갔다. 그날 젊은 두 사람은 더 이상 키스하지 않았다.

다음 날 이반은 꼴랴에게 시내에서 물감과 공을 사다 주었고, 안나는 입막음을 위해 자신이 가지고 있는 퍼즐박스를 선물했다. 그 후 그에게 다른 선물을 계속해야 했다. 못된 녀석에겐 이 모든게 너무나 맘에 들었던 것이 분명하다. 그렇게 더 많은 것들을 받아내려고 그는 그들을 감시하기 시작했다. 이반과 안나가 가는 곳이라면 어디든 따라갔다. 단 일분도 단 둘이 있게 내버려두질 않았다. 여름 내내 꼴랴는 그들을 감시하였고, 모든 것을 부모님께 이야기하겠다고 하면서 선물을 더욱 더 많이 요구하였다. 결국 시계를 요구하기에 이르렀고, 불쌍한 연인들은 그에게 시계를 약속 할 수 밖에 없었다.

어느 날 식사하던 중에 꼴랴는 갑자기 웃기 시작했고 랍낀에게 물었다. "얘기 할까요? 네?"

랍낀은 얼굴이 심하게 붉어졌고, 안나는 자리를 박차고 일어나 다른 방으로 달려가 버렸다.

젊은 두 사람은 이반이 안나에게 드디어 청혼한 바로 그 날인 8월 말까지 이런 처지에 놓여 있었다. 아, 얼마나 행복한 날이었는가! 미래의 신부의 부모님들과 이야기를 마치고 그들의 동의를 받아낸 후에 랍낀은 곧장 정원으로 달려가 꼴랴를 찾아 나서기 시작했다. 꼴랴를 찾았을 때, 그는 환희에 소리를 지르기까지 했고, 그 못된 녀석의 귀를 잡았다. 역시나 꼴랴를 찾고 있던 중이던 안나도 뛰어와서 녀석의 반대편 귀를 잡았다.

꼴랴가 울면서 용서를 빌었을 때, 사랑하는 두 사람의 얼굴에 얼마나 기쁘다고 써져 있는지 봤어야 했다.

"친애하는 분들, 훌륭한 분들, 안 그럴게요! 아, 아, 용서해주세요!

그리고 후에 둘은 서로 사랑하는 동안 내내 이 못된 녀석의 귀를 잡아당기는 이 순간만큼 행복했던 적은 한 번도 없었다고 고백하였다.

2단계 | 러시아어 단어&숙어 익히기

наружность 겉모습
вздернутый 약간 들려진
носик 코끝
спускаться / спуститься 내려가다
крутой 험한, 가파른
скамейка 벤치의자
густой 짙은, 무성한
куст 관목, 키 작은 나무
оглядываться кругом 주위를 돌아보다
идеал 이상
посвящать / посвятить 바치다
надеяться на что –를 바라다
взаимность 상호관계, 상호성
слышаться / послышаться 들리다
смех 웃음소리

гимназист 중학생
честный 정직한
краснеть / покраснеть 얼굴이 붉어지다
подсматривать / подсмотреть 몰래 훔쳐보다, 감시하다
пересказывать / пересказать 자기의 말로 서술하다, 말을 전하다
вынимать / вынуть 꺼내다, 잘라내다
карман 주머니
схватывать / схватить 붙잡다
прыгать / прыгнуть 뛰다
краски 물감
мячик (작은)공
коробочка из-под пилюль 퍼즐박스
наблюдать за кем / чем 감시하다
требовать / потребовать 요구하다
за обедом 식사 중
делать предложение 청혼하다
приняться(+инф.) –를 시작하다
искать 찾다
от восторга 환희로
умолять 간청하다
сознаваться / сознаться 자백하다
драть 잡아떼다

3단계 | 러시아어 문법 배우기

《목적》을 나타내는 чтобы절

목적을 의미하는 부가절로써, зачем? для чего? с какой целью? 등의 질문에 답할 때 사용된다. 주절의 주어와 부가절의 주어가 같을 경우에는 чтобы 절의 술어는 동사원형으로 나타내며, 주어가 다른 경우에는 동사의 과거시제를 사용한다. 주절에 목적을 나타내는 для того, с тем 등이 올 수 있다.

1) 주절의 주어와 같을 경우: чтобы + 동사원형

Я записал адрес (для того), чтобы не забыть.
나는 잊지 않기 위해 주소를 메모했다.
Я вернулся (с тем), чтобы встретить вас.
당신을 만나기 위해 돌아왔다.

2) 주절의 주어와 다른 경우: чтобы+ 동사 과거시제

Мать выключила лампу, чтобы свет не мешал ребёнку спать.
어머니는 불빛이 아이 잠을 방해하지 않도록 램프를 껐다.
Я положил письмо на стол, чтобы брат сразу увидел его.
나는 동생이 즉시 볼 수 있도록 편지를 테이블 위에 놓았다.

주절의 주어와 다른 경우에는 주절과 чтобы절에서 나타내고자 하는 행위의 시제와 상관없이 чтобы절의 술어는 항상 과거시제로 나타낸다.

Я говорю об этом, чтобы он не забыл.
나는 그가 잊지 않도록 이것에 대해 말하고 있다.
Я сказал ему об этом ещё раз, чтобы он не забыл.
나는 그가 잊지 않도록 이것에 대해 다시 한 번 말했다.

Я скажу ему об этом ещё раз, чтобы он не забыл.
나는 그가 잊지 않도록 이것에 대해 다시 한 번 말할 것이다.

부가절이 무인칭문일 경우에도 술어는 동사의 과거시제로 나타낸다.
Я дал ребёнку книгу с картинками, чтобы ему не было скучно.
나는 아이에게 심심하지 않도록 그림책을 줬다.
Он закрыл окно, чтобы в комнате не было холодно.
그는 방이 춥지 않도록 창문을 닫았다.

비교) Я пришёл, чтобы сообщить вам об этом.
　　　나는 이것에 대해 당신에게 알리기 위해 왔습니다.
　　　Я пришёл, чтобы вы рассказали мне об этом.
　　　나는 당신이 이것에 대해 나에게 말하도록 왔습니다.

　　　Я пришёл к тебе, чтобы тебе помочь.
　　　나는 너를 돕기 위해 네게 왔다.
　　　Я пришёл к тебе, чтобы ты мне помог.
　　　나는 네가 나를 돕도록 하기 위해 네게 왔다.

《목적》을 의미하는 чтобы 절은 주절 앞이나 뒤에 위치할 수 있다.
Ему нужно два дня, чтобы написать доклад.
Чтобы написать доклад, ему нужно два дня.
보고서를 쓰기 위해서 그에겐 이틀이 필요하다.

4단계 | 러시아어 표현 따라잡기

✈ **требовать 표현**
동사 требовать는 생격 또는 대격, 그리고 동사원형, чтобы와 결합한다.
Они требовали повышения зарплаты.
그들은 임금인상을 요구하였다.
Декан требовал, чтобы студенты участвовали в собрании.
학장은 학생들에게 모임에 참석할 것을 요구하였다.
Они требуют от меня объяснения.
그들은 나에게 설명을 요구했다.
Правительство требует от граждан усилий к охране окружающей среды.
정부는 국민에게 자연보호를 위한 노력을 요구하였다.
Коля требовал всё больше и больше подарков.
꼴랴는 점점 더 많은 선물을 요구하였다.

✈ **приниматься / приняться +инф. '–를 시작하다'**
'–를 시작하다' 라는 표현을 할 때 приниматься / приняться 동사와 불완료상 동사 원형을 결합하여 사용하거나, за 대격을 사용한다.
Лапкин сразу побежал в сад и принялся искать Колю.
랍낀은 정원으로 달려가서 꼴랴를 찾기 시작했다.
Он принялся читать.
그는 읽기 시작했다.
Нам нужно приняться за работу на этой неделе.
우리는 이번 주에 업무에 착수해야 한다.

✈ **наблюдать за+ 조격 '–를 감시하다, 살펴보다'**
Коля наблюдал за ними всё лето.
꼴랴는 여름 내내 그들을 감시했다.
Наблюдать за птицами можно всюду, даже в больших городах.
모든 곳에서, 대도시에서도 새들을 살펴볼 수 있다.

Трудно наблюдать за ребёнком.
아이를 보는 것은 어렵다.

⭐ находиться в каком-то сотоянии '–한 상황에 처하다'
В таком трудном положении молодые люди находились до конца августа
젊은 사람들은 8월 말까지 이런 곤란한 상황에 처해 있었다.
После глобального кризиса корейская экономика находится в хорошем состоянии.
글로벌 위기 이후 한국 경제는 좋은 상황에 처해 있다.
Из-за европесйкого экономического кризиса даже развитые страны находились в трудном состоянии.
유럽경제위기로 선진국조차 어려운 상황에 처해 있다.

5단계 | 러시아어로 말하기

Диалог 1

Светлана : Борис Иванович, вы помните своё детство?
Борис : Конечно! Прекрасные были годы! Друзья, игры, футбол, летом пионерский лагерь...
Светлана : А родители? Какие у вас родители?
Борис : Очень строгие! Требовательные. Отец любил порядок во всём.
 : Он был военный, офицер. Я считаю, мой отец дал мне много.
Светлана : А мать?

Борис : Она по профессии библиотекарь, но работала недолго.
: После рождения моего брата, ушла с работы, занималась домом и нами.

Диалог 2

Борис : Светлана Васильевна, у вас была большая семья?
Светлана : Да, как скаать... У моих родителей было трое детей - я, Брат и сестра. Многие сейчас считают, что семья, где трое детей - большая.
Борис : Брат и сестра моложе вас?
Светлана : Да, я старшая. Брат моложе меня на три года, сестра - на пять лет.

6단계 | 러시아어 연습마당

I. 다음 질문에 러시아어로 답하시오.

1. Почему молодые люди пришли в тихое место, где никто не мог не видеть?
2. Что сказал Иван Лапкин Анне Семёновне?
3. Кто подслушивал их?
4. За что Иван и Анна всё время дарили Коле подарок?
5. Какие слова Коли заставили Лапкина покраснеть за столом?
6. Почему Лапкин побежал в сад искать Колю?
7. Почему на лицах молодых людей было наслаждение, когда Коля плакал и умолял их: — Милые, хорошие, я больше не буду! Ай, ай, простите!
8. Вам известно имя Антона Чехова? Читали ли вы его рассказы или пьесы?

II. 다음을 한국어로 번역하시오.

1. Скажите мне, моя дорогая, могу ли я надеяться... на взаимность?

2. Он ни на минуту не оставлял их одних.

3. В таком положении молодые люди находились до конца августа, до того самого дня, когда, наконец, Лапкин сделал Анне Семёновне предложение.

4. И потом оба они сознавались, что за всё время, пока были влюблены друг в друга, они ни разу не испытывали такого счастья, как в те минуты, когда драли злого мальчика за уши.

Ⅲ. 다음 문장을 텍스트에서 찾아 완성하시오.

1. Когда молодые люди целовались, вдруг послышался смех. Они посмотрели на реку и увидели, что _____

2. Лапкин вынул из кармана рубль и подал его Коле. Тот _____

3. Однажды за обедом Коля вдруг громко засмеялся и _____

Ⅳ. 다음 문장을 완성하시오.

1. Мы приехали в Москву, чтобы _____.
2. Я пришёл к другу, чтобы вместе с ним _____.
3. Я пришёл к другу, чтобы он _____.
4. Рыбак привязал лодку, чтобы она _____.
5. Дети пошли к реке, чтобы _____.

6. Брат позвал сестру, чтобы она _____.

7. Мы часто встречались, чтобы _____.

8. Директор послал сотрудника на завод, чтобы _____.

V. 다음 문장을 보기처럼 바꾸시오.

Образец: Для орошения полей мы строим гидростанции и каналы.

Мы строим гидростанции и каналы, чтобы орошать поля.

1. В Москву для участия в футбольном матче приехала команда из Киева.

2. Мы организовали культурные мероприятия для развития отношений с Россией.

3. Он уехал в Москву для изучения русской литературы.

VI. 다음을 러시아어로 옮기시오.

1. 유엔은 선진국에게 후진국에 대한 재정지원을 요구했다.

2. 유가상승과 원자재 가격 인상으로 기업은 아주 어려운 상황에 처해 있다.

3. 환경부는 환경오염을 엄격하게 감독해야 한다.

_____

4. 우리는 빈곤퇴치 캠페인을 시작해야 한다.

_____

러시아 속담 한 마디

Оплатить чёрной неблагодарностью.
은혜를 원수로 갚는다.

Урок

19

Идиот
(Ф.М.
Достоевский)

백치(도스또옙스끼)

●● 1단계 | 함께 러시아 읽기

Идиот(Ф.М. Достоевский)

В конце ноября, в оттепель, часов в девять утра, поезд Петербургско-Варшавской железной дороги на всех парах к Петербургу. Было так сыро и туманно, что насилу рассвело; в десяти шагах, вправо и влево от дороги, трудно было разглядеть хоть что-нибудь из окон вагона. Из пассажиров были и возвращавшиеся из-за границы; но более были наполнены отделения для третьего класса, и всё людом мелким и деловым, не из очень далека. Все, как водится, устали, у всех отяжелели за ночь глаза, все назяблись, все лица были бледно-желтые, под цвет тумана.

В одном из вагонов третьего класса, с рассвета, очутились друг против друга, у самого окна, два пассажира — оба люди молодые, оба почти налегке, оба не щегольски одетые, оба с довольно замечательными физиономиями и оба пожелавшие, наконец, войти друг с другом в разговор. Если б они оба знали один про другого, чем они особенно в эту минуту замечательны, то, конечно, подивились бы, что случай так странно посадил их друг против друга в третьеклассном вагоне петербургско-варшавского поезда. Один из них был небольшого роста, лет двадцати семи, курчавый и почти черноволосый, с серыми маленькими, но огненными глазами. Нос его был широк и сплюснут, лицо скулистое; тонкие губы беспрерывно складывались в какую-то наглую, насмешливую и даже злую улыбку; но лоб его был высок и хорошо сформирован и скрашивал неблагородно развитую нижнюю часть лица.

Особенно приметна была в этом лице его мертвая бледность, придававшая всей физиономии молодого человека изможденный вид, несмотря на довольно крепкое сложение, и вместе с тем что-то страстное, до страдания, не гармонировавшее с нахальною и грубою улыбкой и с резким, самодовольным его взглядом. Он был тепло одет, в широкий мерлушечий черный крытый тулуп, и за ночь не зяб, тогда как сосед его принужден был вынести на своей издрогшей спине всю сладость сырой ноябрьской русской ночи, к которой, очевидно, был не приготовлен. На нем был довольно широкий и толстый плащ без рукавов и с огромным капюшоном, точь-в-точь как употребляют часто дорожные, по зимам, где-нибудь далеко за границей, в Швейцарии или, например, в Северной Италии, не рассчитывая, конечно, при этом и на такие концы по дороге, как от Эйдткунена до Петербурга. Но что годилось и вполне удовлетворяло в Италии, то оказалось не совсем пригодным в России. Обладатель плаща с капюшоном был молодой человек, тоже лет двадцати шести или двадцати семи, роста немного повыше среднего, очень белокур, густоволос, со впалыми щеками и с легонькою, востренькою, почти совершенно белою бородкой. Глаза его были большие, голубые и пристальные; во взгляде их было что-то тихое, но тяжелое, что-то полное того странного выражения, по которому некоторые угадывают с первого взгляда в субъекте падучую болезнь. Лицо молодого человека было, впрочем, приятное, тонкое и сухое, но бесцветное, а теперь даже досиня иззябшее. В руках его болтался тощий узелок из старого, полинялого фуляра, заключавший, кажется, всё его дорожное достояние. На ногах его были толстоподошвенные башмаки, — всё не по-русски.

Черноволосый сосед в крытом тулупе всё это разглядел, частию от нечего делать, и наконец спросил с тою неделикатною усмешкой, в которой так бесцеремонно и небрежно выражается иногда людское удовольствие при неудачах ближнего:

— Зябко?

И повел плечами.

— Очень, — ответил сосед с чрезвычайною готовностью, — и, заметьте, это еще оттепель. Что ж, если бы мороз? Я даже не думал, что у нас так холодно. Отвык.

— Из-за границы, что ль?

— Да, из Швейцарии.

— Фью! Эк ведь вас!..

Черноволосый присвистнул и захохотал.

백 치

11월의 끝 무렵, 날이 풀린 어느 날 아침 9시쯤, 뻬쩨르부르그 –바르샤바 정기 열차가 뻬쩨르부르그를 향해 아주 빠르게 달려가고 있었다. 아주 축축하고 안개가 짙었기에 이제서야 겨우 날이 밝아오는 듯싶었다. 그러나 차창너머로 아직 선로의 좌우 열 걸음 안팎에서도 무엇인가를 분간하는 것은 어려운 일이었다. 승객들 가운데는 외국에서 들어오는 사람도 있었지만 특히 3등 객실은 그리 멀지 않은 곳에서 탄 신분이 낮은 장사꾼들로 훨씬 더 북적거리고 있었다. 이런 경우 흔히 그러하듯이, 승객들은 모두 지칠 대로 지친 나머지 하룻밤 사이에 부석해진 눈을 흐리멍덩하게 뜨고, 뼛속까지 얼어 붙은 듯 하나같이 꼼짝을 않고 앉아 있었다. 어느 얼굴이나 안개처럼 창백하고 누렇게 떠있었다.

한 3등 객실 칸 창가에 동이 틀 무렵부터 마주 앉아있던 승객이 두 명 있었다. 두 사람 다 청년이었으며, 짐다운 짐도 가지고 있지 않았고 가벼운 옷차림을 하고 있었다. 그리고 두 사람 모두 상당히 눈에 띄는 용모였는데, 어딘지 서로가 말을 붙여보고 싶은 듯한 표정을 하고 있었다. 만일 이 두 사람이 지금 이 순간, 무엇 때문에 그들이 남의 시선을 끌었는지를 알았다면, 그들은 자신들을 뻬쩨르부르그 -바르샤바 정기 열차의 3등석 칸에 마주 앉게 한 우연에 크게 놀랐을 것이다. 한 사람은 키가 별로 크지 않은 27세 가량의 청년이었는데, 머리카락은 거의 새까만 고수머리였고, 잿빛 눈은 작았지만 불처럼 이글거리고 있었다. 코는 납작한데다 광대뼈가 불거져 나와 있었으며 얇은 입술은 어쩐지 남을 얕보는 듯한 거만스러움과 악의에 찬 듯한 엷은 미소를 띠고 있었다. 그리고 미끈하고 아름답게 가다듬어진 그의 이마가 천한 인상을 주는 얼굴의 하관을 어느 정도 보완하고 있었다.

그의 얼굴에서 특히 눈에 띄는 것은 죽은 사람처럼 파리한 얼굴빛이었다. 그것은 청년의 다부진 체격에 어울리지 않게 초췌한 느낌을 풍겨주고 있었다. 그러나 한편으로는 남을 깔보는 듯한 웃음이며 자만에 찬 날카로운 시선과는 어울리지 않는 고뇌에 가까운 정열적인 그 무엇도 느끼게 했다. 그는 풍신한 검은색 양피 가죽 외투를 따뜻하게 입었기 때문에 어제 밤의 추위에도 떨지 않은 것 같았지만, 맞은 편 승객은 러시아의 축축한 11월 밤의 한기를 그 떨리는 등으로 참고 견디어만 했다. 아마도 그는 이러한 추위를 전혀 예기치 못한 모양이다. 그는 큰 모자가 달린 품이 큰 두툼한 우비를 입고 있었는데 그것은 어느 먼 나라, 이를테면 스위스라든가 북부 이탈리아 등지에서 겨울 여행 때 흔히 입는 것 같은 모양이었다. 이것을 보아 추측하건대 그는 오이드쿠넨에서 뻬쩨르부르그까지의 긴 여행을 염두에 두지 않았음이 분명하다. 사실 이탈리아에서 아무리 편하고 유용한 것이라고 할지라도 러시아에서는 별로 소용이 없는 경우가 있는 것이다.

모자가 달린 우비의 주인도 역시 스물예닐곱 살 정도의 청년으로 중간을 약간 넘는 키에 밝은 금발의 머리카락은 숱이 많았고, 홀쭉한 볼 밑에는 끝이 뾰족한 순백에 가까운 수염을 기르고 있었다. 그의 눈은 큼직하고 푸른 빛이었으며 허공을 응시하고 있었다. 그 시선에는 조용하기는 하지만 괴로운 빛이 감돌고 있어, 보는 사람에 따라서는 첫 눈에 간질병을 가지고 있다는 것을 추측하게 하는 그런 기묘한 표정이 깃들어 있었다. 그러나 이 청년의 얼굴은 인상이 좋고, 이목구비가 반듯하였으며 갸름했지만, 생기가 없고 지금은 추위에 얼어붙어 새파래졌다.

그는 빛이 바랜 낡은 비단 보자기의 보따리를 하나 들고 있었다. 그 속에 그의 행장이 모두 들어있는 것 같았다. 그리고 그는 창이 두꺼운 단화를 신고 있었다. 하나에서 열까지 러시아식 차림이 아니었다. 양피외투를 입은 까만 머리의 사나이는 심심풀이 삼아 이런 것들을 모두 뜯어 보고 나자, 남의 실패를 보고 즐거울 때에 사람들이 무의식적으로 뻔뻔하게 짓는 무례한 냉소를 띠고 상대방에게 말을 걸었다.

─ 추우십니까?

이렇게 묻고 나서 그는 어깨를 움츠려 보였다.

─ 네, 아주 춥군요.

상대방은 선뜻 대답했다.

─ 그래도 푸근하다는 날이 이 정도니, 정말 날씨가 추웠더라면 큰 일 날 뻔 했습니다. 나는 우리 나라가 이렇게까지 추우리라곤 상상도 못했어요. 까맣게 잊어버리고 있었습니다.

─ 외국에서 돌아오는 모양이군요?

─ 네, 스위스에서요.

─ 휴우! 그렇습니까?

까만 머리의 사나이는 휘파람을 불고 큰 소리로 껄껄 웃었다.

2단계 | 러시아어 단어&숙어 익히기

оттепель 해빙

железная дорога 철도

на всех парах (구어체) 매우 빨리

насилу (구어체) 간신히, 겨우

рассветать / рассвести 동이 트다

разглядеть (완료상) 분별하다

хоть 비록 –라도
вагон 차량
из-за границы 해외에서
наполнены 가득 찬 (наполнить 피동형동사 과거 단어미 복수형)
отяжелеть (완료상) 무거워지다
под цвет тумана 안개 빛과 똑같이
рассвет 새벽
очутиться (완료상) 갑자기 나타나다, 정신을 차려보니 –에 있다
налегке 짐 없이
щегольски 가볍게
одет 옷을 입은(одеть 피동형동사 과거 남성 단어미형)
физиономия 용모, 표정
войти в разговор 대화에 참여하다
садить / посадить (구어체) 심다
курчавый 곱슬곱슬한
черноволосый 검은 머리의
огненный 불 같은, 반짝이는
сплюснутый 납작한
скулистый 광대뼈가 나온
губы 입술
беспрерывно 끊임없이
складываться / сложиться –로 이루어지다
наглый 뻔뻔스러운
насмешливый 비웃는
улыбка 미소
лоб 이마
сформирован –로 형성되다 (сформировать 피동형동사 과거 남성 단어미형)
скрашивать / скрасить 아름답게 하다
неблагородно 품위 없게, 천하게
развитый 발달된 (развить 피동형동사 과거 남성형)

нижная часть лица 얼굴 하관
приметный 눈에 띄는
мертвый 죽은
бледность 창백함
изможденный 초췌한
сложение 합성, 몸집, 체격
гармонировавшее 조화를 이룬 (гармонировать 능동 형동사 과거 중성형)
нахальный 철면피의, 뻔뻔스러운
самодовольный 자만하는
мерлушечий 새끼 양 가죽의
крытый 덮개가 있는
тулуп 털외투
зябнуть (완료상) 추워하다
принужден –해야 한다(принудить (강제로 –하게 하다)의 피동형동사 과거 남성 단어미형)
выносить / вынести 들어내다, 참다
издрогший 추위에 떤 (издрогнуть(추위에 떨다)의 능동형동사 과거 남성형)
сладость 단 것
приготовлен 준비되다(приготовить(준비하다) 피동형동사 과거 남성 단어미형)
плащ 우비
рукав 소매
капюшон 망토에 달린 두건
точь-в-точь (구어체) 아주 정확히
употреблять / употребить 사용하다
удовлетворять / удовлетворить 만족시키다
белокурый 아마 빛의, 금발의
густоволосый 머리 숱이 많은
впалый 푹 꺼진
щека 뺨
легонький 가벼운
востренький 날카로운, 뾰족한

бородка 턱수염

пристальный 고정된

угадывать/ угадать 추측하다

субъект 주체

падучая болезнь 간질병

досиня (부사) 새파랗게

иззябшее иззябнуть(구어체, 뼛속까지 꽁꽁 얼다)의 능동형동사 과거 중성형

болтаться 지껄이다

тощий 여윈, 빈약한

узелок 보따리

полинялый 퇴색한

фуляр 얇은 비단, 화학 섬유 천

заключавший заключать(결론 짓다, 가두다)의 능동형동사 과거 남성형

дорожное достояние 여행 소지품

толстоподошвенный 창이 두꺼운

башмак 단화

неделикатный 무례한

усмешка 냉소

бесцеремонно 예의 없게, 건방지게

небрежно 마음 내키는 대로

ближний 가까운, 가까운 사람

зябкий (구어체) 추위를 타는

повести плечами. 어깨를 움츠리다

отвыкать / отвыкнуть 습관이 없어지다, 잊어버리다

присвистнуть 휘파람을 불다

захохотать 웃기 시작하다

3단계 | 러시아어 문법 배우기

조건법

주절은 종속절에서 언급된 조건에 따라서 일어났거나, 일어난, 또는 일어날 수 있는 행위를 나타낸다. 주절과 종속절의 술어는 현재, 과거, 미래 시제 모두 가능하다. 조건문에서는 주로 접속사 если가 사용되며, когда, раз, коль (коли) 등도 사용된다.

Если завтра будет хорошая погода, мы пойдём на экскурсию.
내일 날씨가 좋으면, 우리는 소풍을 갈 것이다.
Если дождь перестанет, мы отправимся в путь завтра.
비가 그치면, 우리는 내일 길을 떠날 것이다.

* если 절은 주절 앞이나 뒤, 문장 중간에 올 수 있다.
Если дождь перестанет, мы отправимся в путь завтра.
Мы отправимся в путь завтра, если дождь перестанет.
Завтра, если дождь перестанет, мы отправимся в путь.

접속사 коль(коли)은 주로 민중의 말이나 속담에 자주 사용된다.
Не будет скуки, коли заняты руки.
손이 바쁘면 심심하지 않다.
현실적으로 가능한 조건을 나타낼 경우 раз가 자주 사용된다.
Раз ты не знаешь, молчи.
알지 못하면 침묵하라.
Раз вы устали, кончим работу.
피곤하면 일을 마치자.

종속절에 주어가 없을 경우 술어로 동사원형을 사용한다. 이 경우 해당 조건문은 보편적인 의미를 갖는다.
Если экономить, то денег хватит.
절약한다면, 돈은 충분하다.

가정법

종속절에 если бы + 동사과거시제, 주절에 동사과거시제+ бы를 사용하여 가정이나 소망을 나타낸다.

Если бы вы пришли вовремя, мы успели бы кончить работу.
당신이 제 시간에 도착했더라면, 우리는 일을 마칠 수 있었습니다.
Если бы была хорошая погода, мы поехали бы за город.
날씨가 좋았더라면, 우리는 교외로 나갔을 것이다.
Если б они оба знали один про другого, чем они особенно в эту минуту замечательны, то, конечно, подивились бы, что случай так странно посадил их друг против друга в третьеклассном вагоне петербургско-варшавского поезда.
만일 이 두 사람이 지금 이 순간, 무엇 때문에 그들이 남의 시선을 끌었는지를 알았다면, 그들은 자신들을 뻬쩨르부르그 –바르샤바 정기 열차의 3등석 칸에 마주 앉게 한 우연에 크게 놀랐을 것이다.

가정법의 종속절에 если бы 대신 단수 명령형이 올 수 도 있다.
Вернись он раньше, он застал бы нас.
그가 일찍 왔더라면 그는 우리를 만났을 것이다.
Не будь он архитектором, он стал бы художником.
그는 건축가가 되지 않았더라면 화가가 되었을 것이다.

4단계 | 러시아어 표현 따라잡기

⭐ так ..., что ... '-해서 하다'
Было так сыро и туманно, что насилу рассвело
아주 축축하고 안개가 짙었기에 이제서야 겨우 날이 밝았다.
Я так поздно встал, что я опоздал на урок.
나는 너무 늦게 일어나서 수업에 늦었다.
Он так сильно болел, что он отсутствовал на собрании.
나는 몹시 아파서 회의에 참석하지 않았다.

⭐ удовлетворять / удовлетворить 표현
удовлетворять нужды 필요를 충족하다
удовлетворять потребности 요구를 충족하다
удовлетворять требования 요구를 충족하다
удовлетворять спрос 수요를 충족하다
удовлетворять просьбу 요청을 들어주다

⭐ '사용하다' 표현
- пользоваться 동사는 조격과 결합하며 주로 свобода(자유) права(권리), популярность(인기)등의 추상명사와 결합하여 '-를 누리다', '-를 받다'를 표현한다. 그리고 구상명사와도 결합 가능하며 이때 '사용하다'를 의미한다.

    пользоваться правами 권리를 누리다
    пользоваться свободой 자유를 누리다
    пользоваться льготами 특혜를 누리다
    пользоваться популярностью 인기를 누리다
    пользоваться поддержкой 지지를 얻다
    пользоваться признанием 인정을 받다
    пользоваться уважением 존경을 받다
    пользоваться доверием 신뢰를 받다
    пользоваться возможностью (шансом) 기회를 이용하다

пользоваться компьютером 컴퓨터를 사용하다
пользоваться лифтом 엘리베이터를 사용하다

- использовать 동사는 주로 구상명사와 결합하나, 추상명사와도 결합 가능하다.
использовать технологию 기술을 이용하다
использовать технику 기기를 이용하다
использовать компьютер 컴퓨터를 이용하다.
использовать аудио-визуальные средства 시청각 수단을 사용하다
использовать лифт 엘리베이터를 이용하다
использовать ум 지혜를 사용하다
использовать шанс 기회를 이용하다
использовать человеческие ресурсы 인적자원을 이용하다

- употреблять 동사 또한 구상명사와 주로 결합하나, 추상명사와도 결합 가능하다.
употреблять глагол совершенного вида 완료상 동사를 사용하다
употреблять все усилия 모든 노력을 다하다
употреблять выражения 표현을 사용하다
употреблять умные слова 현명한 말을 사용하다
употреблять что во зло 악용하다

Урок 19 Идиот (Ф.М. Достоевский)

5단계 | 러시아어로 말하기

Диалог 1

Чолсу : Я еду в Москву в командировку.

София : Когда? На какой срок?

Чолсу : В конце следующей. На три недели.

София : У вас есть въездная виза в Россию?

Чолсу : Нет. Я только вчера получил приглашение с российской стороны.

София : Вам нужно спешить. Скорее зайдите в посольство и заполните бланки визовых анкет. Приложите к ним фотографии, приглашение и копию паспорта. Если вы заплатите 100.000 вон за выдачу визы, то ваша виза будет выдана через два дня.

Диалог 2

Зина : Здравствуйте!
Скажите, пожалуйста, здесь можно получить въездную визу в Москву?

Консул : Да, здесь.
Вы едете по приглашению?

Зина : Да, конечно.

Консул : Покажите.

Зина : Вот пожалуйста.

Консул : Какова цель вашей поездки?

Зина : На стажировку.

Консул : На какой срок вы хотите?

Зина   : Я хочу один месяц.

Консул : Хорошо. Я напишу вам срок действия визы один месяц. Когда вы улетаете в Москву?

Зина   : Через три недели, точнее, 15-ого февраля. А когда я могу получить визу?

Консул : Через 2 недели.

Зина   : Спасибо большое.

Консул : Возьмите бланки визовых анкет и, пожалуйста, заполните их.
Приложите к ним фотографии, приглашение и копию паспорта.
Ваша виза будет готова через две недели.

6단계 | 러시아어 연습마당

I. Прочитайте текст. Укажите вводную часть, основную часть, описывающую героев, а также третью часть, в которой начинается разговор героев.

II. 다음을 보기처럼 если를 사용하여 복문으로 만드시오.

Образец: Дождь будет продолжаться.
　　　　Река выйдет из берегов.

Если дождь будет продолжаться, река выйдет из берегов

1. Ночь будет тёплой.

    Мы будем ночевать под открытым небом.

2. Урожай будет хороший.

    Дожди пройдут вовремя.

3. Вы устали.

    Мы сделаем перерыв.

4. Я возьму эту книгу.

    Она тебе больше не нужна.

5. Сегодня будет собрание.

    Я вернусь домой поздно.

6. Я напишу письмо.

    Хватит времени.

Ⅲ. 아래 종속절을 보기처럼 완성하시오.

Образец: Я бы кончил работу сегодня вечером, если бы …

　　　　 Я бы кончил работу сегодня вечером,

　　　　 если бы я не чувствовал себя плохо.

1. Мы поехали бы за город, если бы …

2. Я остался бы здесь, если бы …

3. Я принёс бы тебе книгу, если бы …

4. Брат был бы врачом, если бы...

5. Он бы не заболел, если бы...

IV. 다음 밑줄 친 전치사구를 보기처럼 종속절로 바꾸시오.

Образец: <u>Без вашей помощи</u> я не смогу сделать домашние задания.

Если не будет вашей помощи, я не смогу сделать домашние задания.

1. <u>С твоей помощью</u> я выполню эту работу.
2. <u>При желании</u> вы могли бы написать сочинение лучше.
3. <u>Без этого дождя</u> урожай мог бы погибнуть.
4. <u>При попутном ветре</u> наша лодка двигалась бы очень быстро.

V. 다음 если бы 종속절을 보기처럼 바꾸시오.

Образец: Если бы они мне не помешали, я кончил бы работу раньше.

Не помешай они мне, я кончил бы работу раньше.

1. Если бы мы вышли двумя минутами раньше, мы не опоздали бы на поезд.

2. Если бы я не встретил вас случайно, я до сих пор ничего не знал бы об этом.

3. Если бы у нас были билеты, мы пошли бы бы в театр.

4. Если бы он мне сказал об этом, я бы помог.

Ⅵ. 다음을 러시아어로 옮기시오.

1. 당신의 도움이 없었더라면, 전 직장을 구하지 못했을 것입니다.

2. 비행기 표를 구하면, 우리는 내일 러시아로 출국할 것이다.

3. 나는 너무 피곤해서 일을 마칠 수 없었다.

4. 컴퓨터 사용법을 알아야 한다.

5. 정부는 국민의 요구사항을 만족시켜야 한다.

러시아 속담 한 마디

Все прожить - не поле перейти.
인생은 고해다.

Урок

20

Война и мир
(Л.Н, Толстой)

전쟁과 평화
(똘스또이)

1단계 | 함께 러시아 읽기

Война и мир (Л.Н, Толстой)

Наташа чувствовала, что она оставалась с матерью и Соней в числе меньшей части дам, оттесненных к стене и не взятых в польский. Она стояла, опустив свои тоненькие руки, и с мерной поднимающейся, чуть определенной грудью, сдерживая дыхание, блестящими испуганными глазами глядела перед собой, с выражением готовности на величайшую радость и на величайшее горе. Ее не занимали ни государь, ни все важные лица, на которых указывала Перонская, — у ней была одна мысль: «Неужели так никто не подойдет ко мне, неужели я не буду танцевать между первыми, неужели меня не заметят все эти мужчины, которые теперь, кажется, и не видят меня, а ежели смотрят на меня, то смотрят с таким выражением, как будто говорят: "А! это не она, так и нечего смотреть!" Нет, это не может быть! — думала она. — Они должны же знать, как мне хочется танцевать, как я отлично танцую и как им весело будет танцевать со мною».

Звуки польского, продолжавшегося довольно долго, уже начали звучать грустно — воспоминанием в ушах Наташи. Ей хотелось плакать. Наташе показалось оскорбительным это семейное сближение здесь, на бале, как будто не было другого места для семейных разговоров, кроме как на бале. Она не слушала и не смотрела на Веру, что-то говорившую ей про свое зеленое платье.

Князь Андрей в своем полковничьем белом мундире (по кавалерии), в чулках и башмаках, оживленный и веселый, стоял в первых рядах круга, недалеко от Ростовых. Барон Фиргоф говорил с ним о завтрашнем, предполагаемом первом заседании Государственного совета. Князь Андрей, как человек, близкий Сперанскому и участвующий в работах законодательной комиссии, мог дать верные сведения о заседании завтрашнего дня, о котором ходили различные толки. Но он не слушал того, что ему говорил Фиргоф, и глядел то на государя, то на сбиравшихся танцевать кавалеров, не решавшихся вступить в круг.

Князь Андрей наблюдал этих робевших при государе кавалеров и дам, замиравших от желания быть приглашенными.

Пьер подошел к князю Андрею и схватил его за руку.

— Вы всегда танцуете. Тут есть моя protege, Ростова молодая, пригласите ее, — сказал он.

— Где? — спросил Болконский. — Виноват, — сказал он, обращаясь к барону, — этот разговор мы в другом месте доведем до конца, а на бале надо танцевать. — Он вышел вперед, по направлению, которое ему указывал Пьер. Отчаянное, замирающее лицо Наташи бросилось в глаза князю Андрею. Он узнал ее, угадал ее чувство, понял, что она была начинающая, вспомнил ее разговор на окне и с веселым выражением лица подошел к графине Ростовой.

— Позвольте вас познакомить с моей дочерью, — сказала графиня, краснея.

— Я имею удовольствие быть знакомым, ежели графиня помнит меня, — сказал князь Андрей с учтивым и низким поклоном, совершенно противоречащим замечаниям Перонской о его грубости, подходя к Наташе и занося руку, чтоб обнять ее талию еще прежде, чем он договорил приглашение на танец. Он предложил ей тур вальса. То замирающее выражение лица Наташи, готовое на отчаяние и на восторг, вдруг осветилось счастливой, благодарной, детской улыбкой.

«Давно я ждала тебя», — как будто сказала эта испуганная и счастливая девочка своей просиявшей из-за готовых слез улыбкой, поднимая свою руку на плечо князя Андрея. Они были вторая пара, вошедшая в круг. Князь Андрей был одним из лучших танцоров своего времени. Наташа танцевала превосходно. Ножки ее в бальных атласных башмачках быстро, легко и независимо от нее делали свое дело, а лицо ее сияло восторгом счастия. Ее оголенные шея и руки были худы и некрасивы в сравнении с плечами Элен. Ее плечи были худы, грудь неопределенна, руки тонки; но на Элен был уже как будто лак от всех тысяч взглядов, скользивших по ее телу, а Наташа казалась девочкой, которую в первый раз оголили и которой бы очень стыдно это было, ежели бы ее не уверили, что это так необходимо надо.

Князь Андрей любил танцевать и, желая поскорее отделаться от политических и умных разговоров, с которыми все обращались к нему, и желая поскорее разорвать этот досадный ему круг смущения, образовавшегося от присутствия государя, пошел танцевать и выбрал Наташу, потому что на нее указал ему Пьер и потому, что она первая из хорошеньких женщин попала ему на глаза; но едва он обнял этот тонкий, подвижный, трепещущий стан и она зашевелилась так близко от него и улыбнулась так близко от него, вино ее прелести ударило ему в голову: он почувствовал себя ожившим и помолодевшим, когда, переводя дыханье и оставив ее, остановился и стал глядеть на танцующих.

전쟁과 평화

나따샤는 어머니와 소냐와 함께 벽으로 밀어 붙여져서 폴로네즈에 나가지 못한 부인들 틈에 끼어 있었다. 그녀는 가냘픈 팔을 힘없이 내리고, 이제 막 봉긋해진 작은 가슴으로 심호흡을 하며, 얼굴에는 최고의 기쁨과 슬픔의 순간을 맞을 준비가 되어 있다는 표정을 하고서 빛나면서도 두려움에 찬 눈으로 앞을 바라보고 있었다. 그녀는 황제도, 뻬론스까야가 가르쳐 준 주요 인물들은 안중에 없었다. 그녀는 오로지 한 가지 생각에만 몰두하고 있었다. '설마 아무도 내게 다가오지 않으려나, 정말 나는 첫 번째 대열에서 춤을 못 추게 될까? 저 남자들 눈에는 내가 안 보이는 걸까? 나를 보고 저 여자는 틀렸어라고 말하는 것 같아. 아니야. 그럴 리가 없어!' 그녀는 생각했다. '저 사람들은 내가 얼마나 춤을 추고 싶어하는 지, 내가 얼마나 잘 추는 지, 나와 춤을 추는 것이 얼마나 즐거운 지 알아야 할 텐데.'

나따샤에게는 오래 동안 계속되는 폴로네즈의 음악소리가 슬프고 아련한 추억의 소리처럼 들리기 시작했다. 그녀는 울고 싶어졌다. 나따샤에게는 이 곳 무도회에서, 마치 무도회장 말고는 가족끼리 대화를 나눌 장소가 없는 것처럼 가족과 이토록 가까이 있는 것이 모욕처럼 느껴졌다. 베라가 자신의 초록색 드레스에 대해 이야기 하려는 것을 들으려도 하지 않고, 쳐다보지도 않았다.

하얀 대령 제복을 입고 스타킹에 단화를 신고 있는 인드레이 공작은 활기차고 즐거운 표정으로 원의 첫 번째 열에 로스또프가 사람들에게서 그다지 멀지 않은 곳에 서있었다. 피르고프 남작은 내일 열릴 예정인 제 1차 참의원 회의에 대해 그와 이야기를 나누었다. 안드레이 공작은 스뻬란스끼와 친한 사이이고 입법위원회의 사업에도 참여하고 있었으므로 이런 저런 소문이 오가고 있는 내일 회의에 대해 정확한 정보를 줄 수 있었다. 하지만 그는 피르고프의 이야기는 듣지도 않고 황제 쪽을 바라보기도 하고, 춤 출 준비를 하면서도 춤 대열 속에 끼어들기를 망설이고 있는 남자들을 바라보고 있었다.

안드레이 공작은 황제 앞에서 망설이고 있는 이 남자들과 춤 신청을 받고 싶어 잔뜩 마음을 졸이고 있는 부인들을 찬찬히 살펴 보았다.

삐에르는 안드레이 공작에게 다가가서 그의 손을 잡았다.

- 당신은 언제나 춤을 추시지요. 여기 나의 피후견인인, 로스또프가의 영애가 와있습니다. 그녀에게 춤을 청해 주십시오.- 그는 말했다.

- 어디에? - 볼꼰스끼가 물었다. 그는 남작에게 실례한다고 말하면서 이렇게 말했다. - 그 이야기는 다른 장소에서 마저 합시다. 무도회장에서는 춤을 추어야 하니까요. 그는 삐에르가 가리킨 곳으로 갔다. 절망에 가득 찬 마비된 듯한 얼굴이 안드레이 공작 눈에 들어왔다. 그는 그녀가 누구인지를 알아채고 그녀가 사교계에 처음 나와 심정이 어떠할지도 눈치챘다. 그는 언젠가 창가에서 들었던 그녀의 이야기도 기억났다. 그는 즐거운 표정으로 로스또프 백작부인에게 다가갔다.

- 제 딸 아이를 소개해 드리겠습니다, - 백작부인이 얼굴을 붉히며 말했다.

- 백작부인께서 기억하시는지 모르겠습니다만, 난 이미 알고 있습니다. - 안드레이 공작은 이렇게 말하면서 나따샤에게 다가가 뻬론스까야가 무례하다고 말한 것과는 정반대로 정중하게 몸을 숙여 인사했다. 그리고 나따샤에게 춤을 청하기도 전에 그녀의 가는 허리를 껴안기 위해 팔을 앞으로 내밀었다. 그는 그녀에게 왈츠를 청했다. 나따샤의 마비된 듯한, 절망과 환희를 맞이할 준비가 되어 있던 얼굴은 행복과 감사로 가득 찬 어린아이 같은 미소로 빛났다.

《오래 전부터 당신을 기다렸어요》, 놀라움과 행복에 가득 찬 이 소녀는 당장이라도 울 것 같은 미소를 보이며 이렇게 말하는 것 같았다. 그녀는 안드레이 공작의 어깨 위에 손을 얹었다. 그들은 두 번째로 원 안으로 들어갔다. 안드레이 공작은 당대의 춤꾼 중 한 명이었으며, 나따샤도 춤을 아주 잘 추었다. 무도화를 신은 그녀의 귀여운 발은 자유롭고 경쾌하게 움직였으며, 얼굴은 행복의 기쁨으로 빛났다. 그녀의 드러난 목덜미며 팔은 엘렌에 비하면 빈약하고 아름답지 않았다.

나따샤의 어깨는 여위었고 가슴은 빈약했으며 팔은 가냘팠다. 사람들의 수없이 많은 시선이 훑고 간 엘렌의 어깨와 가슴은 빛이 났지만, 나따샤의 몸은 처음으로 살결을 드러내 만일 그렇게 해야 한다고 사람들이 설득하지 않았다면, 몹시도 부끄러워할 것 같은 소녀의 느낌이었다.

안드레이 공작은 모두가 그에게 물어보는 정치적이고 현학적인 이야기를 피하고 싶었고, 황제의 등장으로 미묘해진 분위기가 못마땅해서 춤추는 것을 좋아했다. 그는 춤을 추러 갔고, 나따샤를 선택했다. 삐에르가 부탁하기도 했지만, 그녀가 아름다운 부인들 중에서 제일 먼저 그의 눈에 들어왔기 때문이다. 그는 그녀의 가냘프고 민첩하고 떨고있는 몸을 껴안고 그의 가까이서 움직이기 시작하며, 그의 가까이서 그녀가 미소를 짓자 그녀의 향기로운 매력 속으로 빠져버렸다. 그는 나따샤와 떨어져 숨을 고르면서 춤을 추고 있는 사람들을 바라보았을 때, 갑자기 자신이 활기에 찬 젊은이가 된 느낌을 받았다.

2단계 | 러시아어 단어&숙어 익히기

польский 폴로네이즈
оттесненный оттеснить(밀어내다) 피동형동사 과거 남성형
мерный 율동적인, 리듬이 있는
определённый 일정한
с выражением 표현으로
готовность 용의성
важное лицо 주요 인사
неужели (부사) 정말인가
замечать / заметить 알아차리다
воспоминание 추억
оскорбительный 모욕적인
полковничий 대령의
мундир по кавалерии 제복
предполагаемый предполагать(예정하다)의 피동형동사 현재 남성형
заседание 회의
законодательная комиссия 입법위원회
сведение 정보
толки 소문
вступить в (+что) –에 들어가다
замирать 숨을 죽이다
приглашенный пригласить (초대하다)의 피동형동사 과거 남성형
схватить за руку 팔을 잡다
обращаться к кому –에게 호소하다, 묻다
довести до конца 끝까지 가다
по направлению – –방향으로
отчаянный 절망적인
броситься в глаза 눈에 들어오다
вспомнать / вспомнить 기억하다

позволять / позволить 허락하다
графиня 백작부인
удовольствие 만족감
ежели 만일
учтивый 정중한
поклон 인사
противоречать/ противоретить (+ чему) 모순되다
грубость 무례함
заносить / заанести 들여가다, 가져다 놓다
обнимать / обнять 껴안다
талия 허리
прежде чем –하기 전에
предлагать / предложить 제안하다
тур вальса 왈츠 한 바퀴를 추는 것
готовый на –할 준비가 된
испуганный 겁 먹은
пара 한 쌍
войти в (+что) –에 들어가다
своего времени 당대의
превосходно 훌륭하게
башмачки (복수) 단화, 나막신
независимо от –와 관계없이
сиять 빛나다
оголённый 벌거벗은
в сравнении с (+чем) –와 비교하여
как будто 마치–처럼
лак 니스, 유약
скользить (미끄러지다)
ежели бы 만일 –라면
уверять / уверить 설득하다

отделаться от (+чего) –에서 벗어나다
разрывать / разорвать 잡아 찢다
досадный 지겨운
смущение 당황
образоваться от (+чего) –로 이루어지다, –에서 형성되다
присутствие 존재
указать на (+кого, что) –를 가리키다
попасть на глаза 눈에 들어오다
едва 간신히, 겨우
подвижный 민첩한
трепещущий трепетать (몸을 떨다) 능동형동사 남성형
стан 몸
зашевелиться 움직이기 시작하다
прелесть 매력
ударить кому в голову –의 머리를 치다

3단계 | 러시아어 문법 배우기

접두사 + 동사의 의미

똘스또이의 《전쟁과 평화》에서 발췌한 본문은 나따샤와 볼꼰스끼 공작이 무도회장에서 만나 (물론 두 번째 만남이지만), 서로에게 설레는 감정을 갖게 되고 그들의 운명적인 만남에 중요한 계기가 되는 무척 흥미로운 장면이면서, 동시에 접두사가 붙은 많은 동사가 등장하여 러시아어 동사 학습에도 많은 도움을 준다. 여기서 본문에 등장한 동사에 부가되어 다양한 의미를 실현하는 접두사의 의미를 총정리 하도록 하자.

접두사 в- (во-)

1. 안으로 향하는 행동방향 (направление действия внутрь)
   войти в комнату
   вложить письмо в конверт
   вступить в профсоюз

2. 어떤 행동이나 상태에 몰두(погруждение в какое-либо действие или состояние)
   вдуматься в смысл
   вслушаться в разговор

접두사 вы-

1. 안에서 밖으로 향하는 행동방향 (направление действия изнутри наружу)
   выйти из комнаты
   вылить воду из стакана

2. 결과성 (результативность)
   выучить стихотворение
   выстирать платье
   высушить бельё

접두사 до-

1. 목표까지 행위 달성 (доведение действия да предела, достижение предела)
   доехать до границы
   договорить слово приглашения
   дописать письмо
   дослушать рассказ

2. 어려움에도 불구하고 결과를 얻은 행위 (доведение действия до результата несмотря на трудности)

дозваться

дозвониться

접두사 **за-**

1. 대상 너머로의 행위 방향 (направление действия за предмет)

   заехать за город

   забежать за дерево

2. 가는 도중의 행위 (попутное действие куда-либо, по пути, мимоходом)

   забежать в магазин на обратном пути

   зайти к другу по пути в институт

3. 멀리까지의 행위 또는 경계 너머로의 행위 (движение далеко вглубь чебо-л. или за пределы чебо-л.)

   зайти далеко в лес

   заплыть далеко

   забросить мяч на крышу

4. 대상을 뭔가로 덮거나, 빈 것을 메꾸는 행위 (покрытие предмета чем-л. или заполнение пустоты)

   засыпать семена землёй

   залить бумагу чернилами

5. 과도한 행위 (чрезмерность действия)

   засидеться

   заработаться

   заговориться

6. 행위의 시작 (начало длействия)
зашуметь
запеть
засмеяться
зашебелиться

접두사 из- (ис-, изо-)

1. 안으로부터의 행동, 추출 행위 (движение изнутри, извлечение чего-л.)
извлечь пользу из чего-либо
исключить ученика из школы

2. 최대한으로 충분한 행위 (предельная полнота действия)
исходить весь лес
избегать весь сад
исписать всю тетрадь
изрезать всю бумагу

접두사 на-

1. 대상의 표면으로의 행위 방향 (направление действия на поверхность предмета)
наехать на камень
набросить пальто на плечи
наклеить марку на конверт

2. 충분한 행동 (полнота действия)
накупить книг
напечь пирогов
нарвать цветов

напиться молока
наесться пирогов
нагуляться

3. 행위의 종료 (законченность действия)
написать письмо
нарисовать портрет

접두사 о- (об-, обо-)

1. 대상의 주변에서의 행위 (движение вокруг предмета)
обехать вокруг дерева
обойти гору

2. 대상 전체 또는 많은 대상으로 파급되는 행위 (распространение действия на весь предмет или на многие предметы)
обегать весь сад
объездить все города

3. 대상을 다른 대상들로 둘러싸는 것 (окружение предмета другими предметами)
обсадить дом цветами
обшить платок кружевами

4. 행위의 실수 (ошибочность действия)
оговориться
оступиться

5. –하게 만들다 (делать предмет каким-л. или кем-л. или делаться самому какаим-л. или кем-л.)
обогатить
осмелить
ослабеть

접두사 от- (ото-)
대상에서 멀어지는 행위, 분리 (направление действия от предмета, отдаление, отделение от предмета)

отойти от дома
отплыть от берега
отодвинуть стакан от себя

оторвать пуговицу от пальто
отвязать лошадь от дерева

отучить кого-л. от курения
отвыкнуть от кого-л., от чего-л.

접두사 пере-

1. 한 쪽에서 다른 쪽으로 건너가는 행위 방향 (направление действия через предмет, с одной стороны предмета на другую)
   перейти через улицу, улицу
   перепрыгнуть через ручей, ручей

2. 대상의 이전 (перемещение предмета с одного места на другое)
   переехать на другую квартиру
   переселиться из города в деревню
   пересесть со стула на диван

3. 다시 하는 행위 (совершение действия заново)
   переписать письмо
   перечитать книгу
   перестроить дом

4. 여러 부분으로 분리하는 행위 (разделение предмета на части)
перерезать нитку
перепилить дерево

5. 과도한 행위 (чрезмерность действия, превышение нормы)
пересолить суп
переварить картофель
перевыполнить план

6. 전체 대상으로 차례대로 파급되는 행위 (распространение действия поочерёдно на все предметы)
пересмтреть все фильмы
перечитать все книги
перемыть все чашки

7. 행위의 상호성 (взаимность действия)
переписываться с друзьями
переговариваться

접두사 под- (подо-)

1. 대상 아래로 향하는 행위 방향 (направление действия под предмет)
подложить подушку под голову
подставить ведро под струю воды

2. 다가가는 행위 (приближение)
подойти к дому
подплыть к берегу

3. 아래에서 위로 행하는 행위 방향 (направление действия снизу вверх)
подбросить мяч
подпрыгнуть

4. 추가 (прибавление)
    подлить воды
    подсыпать муки

5. 은밀한 행위 (скрытое, незаметное совершение действия)
    подслушать разговор
    подговорить кого-л.

접두사 пред- (предо-)
예측 (предсказание)
    предсказать погоду
    предвидеть опасность
    прдесмотреть события
    предположить ситуацию

접두사 при-

1. 가까이 오는 행위, 연결 (приближение, присоединение)
    прийти домой
    приехать к деревню

    приближать лошадь к дереву
    пришить пуговицу к пальот.

    прибавить
    приписать
    пристроить

2. 행위의 불충분성 (неполнота действия)
   привстать (немного встать)
   присесть (сесть ненадолго)
   прилечь (лечь ненадолго)

접두사 про-

1. 대상을 통과하는 행위, 침투 (движение сквозь предмета, прникновение)
   протечь
   проникнуть

2. 행위의 충분성 (полнота действия)
   продумать
   пробить
   просушить

3. 대상을 지나가는 행위 (движение мимо предмета)
   проехать мимо станции
   пролететь

4. 일정 시간 또는 공간을 차지하는 행위 (действие охватывает определённый промежуток времени или пространства)
   проболеть месяц
   прожить в деревне недолго
   прождать кого-л. целый час

접두사 с- (со-)

1. 대상의 표면에서 제거하는 행위 (удаление с поверхности предмета)
   стереть пыль с мебели
   смыть грязь

2. 아래로의 행위 방향 (направление действия вниз)
   сойти с лесницы
   съехать с горы

3. 연결 (соединение)
   составить столы
   соединить народы
   связать верёвку

4. 여러 방향에서 한 지점, 한 장소로 향하는 행위 방향 (направление движения с разных сторон к одной точке, в одно место)
   сойтись
   съехаться
   сбежаться

5. 행위의 상호성 (взаимность действия)
   сговориться с кем-л.
   созвониться по телефону

6. 복사하는 행위 (копирование)
   срисовать
   списать

7. 행위의 결과성 (результативность)
   сделать (делать)
   спрятать (прятать)
   спеть (петь)
   сломать (ломать)

8. 행위의 일회성, 왕복행위 (однократность действия, движение туда и обратно)
   сходить в магазин
   сводить ребёнка к врачу

접두사 у-

1. 멀어지는 행위, 제거 (**удаление**)
   убрать
   уйти
   унести вещи в другую комнату

2. 대상의 전 표면으로 파급되는 행위 (**распространение действия на всю поверхность предмета**)
   уставить весь стол посудой
   увешать стены картинками

3. 방해물에도 불구하고 행위의 완료(**совершение действия вопреки препятствиями**)
   уговорить
   упросить
   усидеть

4. 행위의 일회성 (**однократность**)
   увидеть
   услышать
   ужалить

5. 형용사에서 타동사 파생 (**образрвание переходных глаголов от прилагательных**)
   улучшить
   ускорить
   уяснить
   удлинить
   ухудшать

4단계 | 러시아어 표현 따라잡기

⊛ '–를 입고, 를 신고' (в+чём)
Князь Андрей в своем полковничьем белом мундире (по кавалерии), в чулках и башмаках, оживленный и веселый, стоял в первых рядах круга, недалеко от Ростовых.
하얀 대령 제복을 입고 스타킹에 단화를 신고 있는 안드레이 공작은 활기차고 즐거운 표정으로 원의 첫 번째 열에 로스또프가 사람들에게서 그다지 멀지 않은 곳에 서있었다.

⊛ '–와 비교하여' (в сравнении с чем, по сравнению с чем)
Ее оголенные шея и руки были худы и некрасивы в сравнении с плечами Элен.
그녀의 드러난 목과 팔은 엘렌의 어깨와 비교하여 말랐고 아름답지 못하였다.
Буддизм в сравнении с христианством имеет более философский характер.
불교는 기독교와 비교하여 철학적 성격이 강하다.
По сравнению с другими странами именно в США наибольшее количество наркозависимых - 56% наркоманов мира зарегистрированы.
다른 나라들과 비교하여 미국에 마약 중독자의 가장 많은 수, 전 세계 마약 중독자의 56%가 등록되어 있다.

⊛ 동사 обращаться 표현
Все обращались к нему.
모두가 그에게 호소하였다.
Он иногда обращался к родителям с просьбой.
그는 가끔 부모님께 부탁을 드린다.
Не стесняйтесь, пожалуйста, обратитесь ко мне за помощью, если у вас будет проблема.
문제가 발생하면, 주저하지 말고 제게 도움을 청하십시오.
Куда обратиться с вопросами по жилью?
주거지에 관한 질문은 어디로 해야 하나요?

🛫 동사 позволять / позволить 표현

Позвольте вас познакомить с моей дочерью.
제 딸을 소개해드리겠습니다.
Наука и технология позволят нам решить проблемы с климатическим изменением.
과학과 기술 덕분에 우리는 기후변화 문제를 해결할 수 있을 것이다.
Хорошо организованная коммуникация позволяет людям комфортно чувствовать себя на работе и осознать свою значимость.
잘 조직된 커뮤니케이션을 통해 사람들은 직장에서 편안한 느낌을 갖고, 자신의 가치를 깨달을 수 있다.

🛫 동사 желать 표현

Князь Андрей, желая поскорее разорвать этот досадный ему круг смущения, образовавшегося от присутствия государя, пошел танцевать и выбрал Наташу...
안드레이 공작은 황제의 등장으로 미묘해진 분위기를 빨리 깨고 싶어서 춤을 추러 갔고, 나따샤를 선택했다.
Мать желает, чтобы дети пришли.
어머니는 자식들이 오기를 바라고 있다.
Мы желаем вам здоровья и счастья.
당신의 건강과 행복을 기원합니다.
Желай добра себе и другому.
자신 뿐만 아니라 남도 잘되길 빌어라.

5단계 | 러시아어로 말하기

Диалог 1: В ресторане

Галина	: Большое спасибо за приглашение.
Юрий	: Я уже дважды был здесь. Они вкусно готовят. Обед из пяти блюд с водкой, вином, шампанским и коньяком.
Официант	: Что вы хотите на закуски?
Галина	: Что у вас есть?
Официант	: У нас есть рыба, икра, колбаса, салаты....
Юрий	: Мы бы хотели салаты.
Официант	: А первое? У нас сегодня очень вкусная солянка по-московски.
Галина	: Я люблю солянку.
Юрий	: Хорошо. Две солянки, пожалуйста.
Официант	: Что на горячее? Рыба или мясо?
Юрий	: Что вы нам посоветуете?
Официант	: У нас сегодня осетрина- это очень вкусно!
Юрий	: Осетрина мне подходит. А что вы решили, Галина?
Галина	: Я, пожалуй, возьму мясо. Что у вас есть?
Официант	: Котлеты по киевски - очень рекомендую. Хотя наш беф-строганов тоже считается лучшим в Москве.
Галина	: Это впечатляет. Тогда для меня - беф-строганов.
Официант	: А на десерт у нас есть...
Юрий	: Нет, нет, не сейчас! Посмотрим, чего нам захочется к концу обеда. Вот тогда и решим.
Официант	: Что будете пить? Водка? Конечно! И шампанское!

Бутылка красного вина к мясу и бутылка белого к рыбе.

Юрий : Замечательно! Ну, Галина - тост. За нашу дружбу.

6단계 | 러시아어 연습마당

I. 다음 질문에 러시아어로 답하시오.

1. Какое настроение у Наташи?
2. Почему Наташе хочется плакать?
3. Почему князь Андрей пошёл танцевать и выбрал Наташу?
4. Опишите прелесть Наташи в сравнении с Еленой.

II. 다음 빈 칸에 알맞은 동사를 고르시오.

1. Князь Андрей _____ (узнавал, узнал) Наташу, _____ (понимал, понял), что она была начинающая, и с весёлым выражением лица _____ (подходил, подошёл) к Ростовым.

2. Когда он _____ (предлагал, предложил) тур вальса, её лицо (освещалось, осветилось) счастливой, детской улыбкой.

3. Едва он _____ (обнимал, обнял) её тонкий стан и она _____ (улыбалась, улыбнулась) ему, вино её прелести _____ (ударяло, ударило) ему в голову.

4. Когда танец _____ (оканчивался, окончился), он _____ (чувствовал, почувствовал) себя ожившим и помолодевшим.

5. Она _____ (шевелилась, зашевелилась) так близко от него и _____ (улыбалась, улыбнулась) так близко от него.

Ⅲ. Прочитайте фрагмент текста, найдите слово, называющее свойство Наташи, которое так сильно почувствовал князь Андрей во время танца.

... но едва он обнял этот тонкий, подвижный, трепещущий стан и она зашевелилась так близко от него и улыбнулась так близко от него, вино ее прелести ударило ему в голову: он почувствовал себя ожившим и помолодевшим...

Ⅳ. 다음을 러시아어로 옮기시오.

1. 그가 이야기를 마쳤을 때, 모두가 웃기 시작했다.

_____

2. 어려운 일이 생기면 언제든지 제게 도움을 청하십시오.

_____

3. 한국은 작년과 비교하여 올해 높은 경제성장률을 보이고 있다.

4. 한국은 정보통신기술 발전 덕분에 선진국 대열에 들어갈 수 있었다.

5. 당신의 건승을 기원합니다.

러시아 속담 한 마디

Доброе слово и кошке приятно
고슴도치도 제 새끼가 예쁘다면 좋아한다

부록 1

러시아어 문법 도표 편람표

1. 명사의 격변화

남성명사 / 단수

격				
주격	завóд	герóй	водѝтель	санатóрий
생격	завóда	герóя	водѝтеля	санатóрия
여격	завóду	герóю	водѝтелю	санатóрию
대격	завóд	герóя *	водѝтеля	санатóрий
조격	завóдом	герóем	водѝтелем	санатóрием
전치격	(о) завóде	(о) герóе	(о) водѝтеле	(о) санатóрии

남성명사 / 복수

격				
주격	завóды	герóи	водѝтели	санатóрии
생격	завóдов	герóев	водѝтелей	санатóриев
여격	завóдам	герóям	водѝтелям	санатóриям
대격	завóды	герóев *	водѝтелей	санатóрии
조격	завóдами	герóями	водѝтелями	санатóриями
전치격	(о) завóдах	(о) герóях	(о) водѝтелях	(о) санатóриях

* 남성 활동체 명사의 대격은 생격과 같으며 이 규칙은 단수와 복수 생격에 각각 적용된다.

** отéц, день 등의 남성 명사는 변화할 때 모음 -е-가 탈락하며, отцá, отцý, дня, дню처럼 변화한다.

	여성명사 / 단수			
주격	маши́на	неде́ля	ста́нция	ча́сть
생격	маши́ны	неде́ли	ста́нции	ча́сти
여격	маши́не	неде́ле	ста́нции	ча́сти
대격	маши́ну	неде́лю	ста́нцию	ча́сть
조격	маши́ной	неде́лей	ста́нцией	ча́стью
전치격	(о) маши́не	(о) неде́ле	(о) ста́нции	(о) ча́сти

	여성명사 / 복수			
주격	маши́ны	неде́ли	ста́нции	ча́сти
생격	маши́н	неде́ль	ста́нций	часте́й
여격	маши́нам	неде́лям	ста́нциям	частя́м
대격	маши́ны	неде́ли	ста́нции	ча́сти
조격	маши́нами	неде́лями	ста́нциями	частя́ми
전치격	(о) маши́нах	(о) неде́лях	(о) ста́нциях	(о) частя́х

мать는 다음과 같이 특수변화한다.

	단수	복수
주격	мать	ма́тери
생격	ма́тери	матере́й
여격	ма́тери	матеря́м
대격	мать	матере́й
조격	ма́терью	матеря́ми
전치격	(о) ма́тери	(о) матеря́х

중성명사 / 단수

주격	ме́сто	мо́ре	зда́ние	вре́мя
생격	ме́ста	мо́ря	зда́ния	вре́мени
여격	ме́сту	мо́рю	зда́нию	вре́мени
대격	ме́сто	мо́ре	зда́ние	вре́мя
조격	ме́стом	мо́рем	зда́нием	вре́менем
전치격	(о) ме́сте	(о) мо́ре	(о) зда́нии	(о) вре́мени

중성명사 / 복수

주격	места́	моря́	зда́ния	времена́
생격	мест	море́й	зда́ний	времён
여격	места́м	моря́м	зда́ниям	времена́м
대격	места́	моря́	зда́ния	времена́
조격	места́ми	моря́ми	зда́ниями	времена́ми
전치격	(о) места́х	(о) моря́х	(о) зда́ниях	(о) времена́х

2. 형용사의 격변화

남성 형용사

주격	но́вый	молодо́й	хоро́ший	си́ний
생격	но́вого	молодо́го	хоро́шего	си́него
여격	но́вому	молодо́му	хоро́шему	си́нему
대격	но́вого	молодо́го	хоро́шего	си́него
	но́вый	молодо́й	хоро́ший	си́ний
조격	но́вым	молоды́м	хоро́шим	си́ним
전치격	(о) но́вом	(о) молодо́м	(о) хоро́шем	(о) си́нем

	여성 형용사			
주격	но́вая	молода́я	хоро́шая	си́няя
생격	но́вой	молодо́й	хоро́шей	си́ней
여격	но́вой	молодо́й	хоро́шей	си́ней
대격	но́вую	молоду́ю	хоро́шую	си́нюю
조격	но́вой	молодо́й	хоро́шей	си́ней
전치격	(о) но́вой	(о) молодо́й	(о) хоро́шей	(о) си́ней

	중성 형용사			
주격	но́вое	молодо́е	хоро́шее	си́нее
생격	но́вого	молодо́го	хоро́шего	си́него
여격	но́вому	молодо́му	хоро́шему	си́нему
대격	но́вое	молодо́е	хоро́шее	си́нее
조격	но́вым	молоды́м	хоро́шим	си́ним
전치격	(о) но́вом	(о) молодо́м	(о) хоро́шем	(о) си́нем

	복수 형용사			
주격	но́вые	молоды́е	хоро́шие	си́ние
생격	но́вых	молоды́х	хоро́ших	си́них
여격	но́вым	молоды́м	хоро́шим	си́ним
대격	но́вых	молоды́х	хоро́ших	си́них
	но́вые	молоды́е	хоро́шие	си́ние
조격	но́выми	молоды́ми	хоро́шими	си́ними
전치격	(о) но́вых	(о) молоды́х	(о) хоро́ших	(о) си́них

3. 의문대명사의 격변화

주격	кто	что	대격	кого́	что
생격	кого́	чего́	조격	кем	чем
여격	кому́	чему́	전치격	(о) ком	(о) чём

4. 소유대명사의 격변화

	단수					
	남성	여성	중성	남성	여성	중성
주격	мой	моя́	моё	твой	твоя́	твоё
생격	моего́	мое́й	моего́	твоего́	твое́й	твоего́
여격	моему́	мое́й	моему́	твоему́	твое́й	твоему́
대격	моего́ / мой	мою́	моё	твоего́ / твой	твою́	твоё
조격	мои́м	мое́й	мои́м	твои́м	твое́й	твои́м
전치격	(о)моём	(о)мое́й	(о)моём	(о)твоём	(о)твое́й	(о)твоём
주격	наш	на́ша	на́ше	ваш	ва́ша	ва́ше
생격	на́шего	на́шей	на́шего	ва́шего	ва́шму	ва́шего
여격	на́шему	на́шей	на́шему	ва́шему	ва́шей	ва́шему
대격	на́шего / наш	на́шу	на́ше	ва́шего / ваш	ва́шу	ва́ше
조격	на́шим	на́шей	на́шим	ва́шим	ва́шей	ва́шим
전치격	(о)на́шем	(о)на́шей	(о)на́шем	(о)ва́шем	(о)ва́шей	(о)ва́шем

	복수			
조격	мой	твой	на́ши	ва́ши
생격	мои́х	твои́х	на́ших	ва́ших
여격	мои́м	твои́м	на́шим	ва́шим
대격	мои́х / мой	твои́х / твой	на́ших / на́ши	ва́ших / ва́ши
조격	мои́ми	твои́ми	на́шими	ва́шими
전치격	(о) мои́х	(о) твои́х	(о) на́ших	(о) ва́ших

* его́, её, их 는 불변이다.

5. 인칭대명사의 격변화

단수

주격	я	ты	он	она́	оно́
생격	меня́	тебя́	его́(у него́)	её(у неё)	его́(у него́)
여격	мне	тебе́	ему́(к нему́)	ей(к ней)	ему́(к нему́)
대격	меня́	тебя́	его́(на него́)	её(на неё)	его́(на него́)
조격	мной	тобо́й	им(с ним)	ей(с ней)	им(с ним)
전치격	(обо) мне	(о) тебе́	(о) нём	(о) ней	(о) нём

복수

주격	мы	вы	они́
생격	нас	вас	их(у них)
여격	нам	вам	им(к ним)
대격	нас	вас	их(на них)
조격	на́ми	ва́ми	и́ми(с ни́ми)
전치격	(о) нас	(о) вас	(о) них

6. 기타 대명사의 격변화

	단수			복수
	남성	여성	중성	
주격	э́тот	э́та	э́то	э́ти
생격	э́того	э́той	э́того	э́тих
여격	э́тому	э́той	э́тому	э́тим
대격	э́того	э́ту	э́то	э́тих
	э́тот			э́ти
조격	э́тим	э́той	э́тим	э́тими
전치격	(об) э́том	(об) э́той	(об) э́том	э́тих

	단수			복수
	남성	여성	중성	
주격	тот	та	то	те
생격	того́	той	того́	тех
여격	тому́	той	тому́	тем
대격	того́	ту	то	тех
	тот			те
조격	тем	той	тем	те́ми
전치격	(о) том	(о) той	(о) том	(о) тех

	단수			복수
	남성	여성	중성	
주격	весь	вся	всё	все
생격	всего́	всей	всего́	всех
여격	всему́	всей	всему́	всем
대격	всего́	всю	всё	всех
	весь			все
조격	всем	всей	всем	все́ми
전치격	(о) всём	(о) всей	(о) всём	(обо) всех

	단수			복수
	남성	여성	중성	
주격	чей	чья	чьё	чьи
생격	чьего́	чьей	чьего́	чьих
여격	чьему́	чьей	чьему́	чьим
대격	чьего́	чью	чьё	чьих
	чей			чьи
조격	чьим	чьей(чье́ю)	чьим	чьи́ми
전치격	(о) чьём	(о) чьей	(о) чьём	(о) чьих

재귀대명사 себя	
주격	
생격	себя
여격	себе
대격	себя
조격	собой
전치격	(о) себе

7. 수사

* 기수사

1. оди́н(одна́, одно́)
2. два(две)
3. три
4. четы́ре
5. пять
6. шесть
7. семь
8. во́семь
9. де́вять
10. де́сять
11. оди́ннадцать
12. двена́дцать
13. трина́дцать
14. четы́рнадцать
15. пятна́дцать
16. шестна́дцать
17. семна́дцать
18. восемна́дцать
19. девятна́дцать

20. два́дцать
30. три́дцать
40. со́рок
50. пятьдеся́т
60. шестьдеся́т
70. се́мьдесят
80. во́семьдесят
90. девяно́сто
100. сто
200. две́сти
300. три́ста
400. четы́реста
500. пятьсо́т
600. шестьсо́т
700. семьсот
800. восемьсо́т
900. девятьсо́т
1000. ты́сяча

* 기수사

	단수			복수
	남성	여성	중성	
주격	оди́н	одна́	одно́	одни́
생격	одного́	одно́й	одного́	одни́х
여격	одному́	одно́й	одному́	одни́м
대격	одного́ / оди́н	одну́	одно́	одни́х / одни́
조격	одни́м	одно́й	одни́м	одни́ми
전치격	(об) одно́м	(об) одно́й	(об) одно́м	(об) одни́х

* 서수사

1. пе́рвый
2. второ́й
3. тре́тий
4. четвёртый
5. пя́тый
6. шесто́й
7. седьмо́й
8. восьмо́й
9. девя́тый
10. деся́тый
11. оди́надцатый
12. двена́дцатый
13. трина́дцатый
14. четы́рнадцатый
15. пятна́дцатый
16. шестна́дцатый
17. семна́дцатый
18. восемна́дцатый
19. девятна́дцатый
20. двадца́тый
30. тридца́тый
40. сороково́й
50. пятидеся́тый
60. шестидеся́тый
70. семидеся́тый
80. восьмидеся́тый
90. девяно́стый
100. со́тый

* 서수사의 격변화는 형용사의 격변화와 동일하다. 예외적으로 변화하는 тре́тий의 격변화는 다음과 같다.

	단수			복수
	남성	여성	중성	
주격	тре́тий	тре́тья	тре́тье	тре́тьи
생격	тре́тьего	тре́тьей	тре́тьего	тре́тьих
여격	тре́тьему	тре́тьей	тре́тьему	тре́тьим
대격	тре́тьего	тре́тью	тре́тье	тре́тьих
	тре́тий			тре́тьи
조격	тре́тьим	тре́тьей	тре́тьим	тре́тьими
전치격	(о) тре́тьем	(о) тре́тьей	(о) тре́тьем	(о) тре́тьих

8. 동사의 활용

제 1 활용형 - 부정사 чита́ть(불완료상)

현재		과거		미래		
я	чита́ю			я	бу́ду	
ты	чита́ешь			ты	бу́дешь	
он		он	чита́л	он		
она́	чита́ет	она́	чита́ла	она́	бу́дет	чита́ть
оно́		оно́	чита́ло	оно́		
мы	чита́ем	мы		мы	бу́дем	
вы	чита́ете	вы	чита́ли	вы	бу́дете	
они́	чита́ют	они́		они́	бу́дут	

제 1 활용형 - 부정사 прочита́ть(완료상)

현재	과거		미래	
			я	прочита́ю
			ты	прочита́ешь
—	он	прочита́л	он	
	она́	прочита́ла	она́	прочита́ет
	оно́	прочита́ло	оно́	
	мы		мы	прочита́ем
	вы	прочита́ли	вы	прочита́ете
	они́		они́	прочита́ют

제 2 활용형 – 부정사 стро́ить(불완료상)					
현 재		과 거		미 래	
я	стро́ю			я	бу́ду
ты	стро́ишь			ты	бу́дешь
он		он	стро́ил	он	
она́	стро́ит	она́	стро́ила	она́	бу́дет стро́ить
оно́		оно́	стро́ило	оно́	
мы	стро́им	мы		мы	бу́дем
вы	стро́ите	вы	стро́или	вы	бу́дете
они́	стро́ят	они́		они́	бу́дут

제 2 활용형 – 부정사 постро́ить(완료상)					
현 재		과 거		미 래	
				я	постро́ю
				ты	постро́ишь
		он	постро́ил	он	
		она́	постро́ила	она́	постро́ит
		оно́	постро́ило	оно́	
		мы		мы	постро́им
		вы	постро́или	вы	постро́ите
		они́		они́	постро́ят
명령법 Постро́й! Постро́йте!					

부록 2

러시아어 연습 마당 해답편

Урок 1

II.
1. Пастухи выгнали стадо.
2. Вдали мелькнули огоньки.
3. Под горой бьют холодные ключи.
4. Зеленеют рощи.
5. Яркие лучи солнца осветили комнату.
6. Идут сильные дожди.
7. В наших лесах растут ели.
8. Как преобразовались наши степи?
9. В поле собрались большие стаи птиц.
10. В саду поют соловьи

III. письмо́- пи́сьма
кольцо́ – ко́льца
стекло́ – стёкла
зерно́ – зёрна
лицо́ – ли́ка
се́ло - се́ла

пра́во -права́
ста́до - стада́
зе́ркало - зеркала́
сло́во - слова́

собра́ние - собра́ния
заседа́ние - заседа́ния
совеща́ние - совеща́ния
упражне́ние - упражне́ния

правительство - правительства

IV. 1. Россия является одной из культурных держав.
2. Москва играет важную роль в развитии культуры и науки Россиии.
3. В Москве старое сочетается (переплетается) с новым.
4. Сибирь богата природными ресурсами.
5. Эта статья посвящена вопросу тенденции глобализации.

Урок 2

II. 1. На улицах Москвы большое движение автобусов, троллейбусов, автомобилей, трамваев.
2. В Москве много театров, музеев.
3. Я получил несколько писем от товарищей.
4. Колхозники закончили вспашку полей.
5. Электричество провели во все дома колхозников.
6. В году двенадцать месяцев.
7. В сентябре тридцать дней.
8. Двери комнат, аудиторий были открыты.
9. На собрании мы обсуждали план экскурсий.
10. В саду много груш.
11. В нашем лесу много берёз, сосен, елей.
12. В саду слышно пение птиц .

III. 1. Она изо всех сил старалась и осуществила свою мечту.
2. Из-за нехватки капитала и опытов не возможно было реализовать проект.
3. Мы отмечаем всемирный день окружающей среды.

4. Корея занимает ведущее место в мире по развитию ИТ.

5. Нужно пользоваться метро, чтобы приехать вовремя.

6. Этот фильм пользовался большой популярностью.

7. Каким видом транспорта вы пользуетесь от дома до работы?

8. Развитие науки и технологии позволило человечеству реализовать Благосостояние.

Урок 3

Ⅱ. 1. (Делегатам) нужно зарегистрироваться до начала конференции.

2. (Студентам) нашей группы захотелось отправиться на лыжную прогулку.

3. Сюда нельзя входить (всесторонним).

4. В парке культуры (нам) было интересно.

5. Сегодня нет дождя, (детям) можно идти гулять.

6. (Ласточкам) холодно зимой в наших краях, они улетают на юг.

7. (Народам) нужен мир, (народам) не нужна война.

8. Докладчик приводил примеры, понятные и интересные (всем слушателям).

9. Мы долго гуляли по (улицам и площадям) Москвы.

10. Я написала письма (подругам).

Ⅲ. 1. Памятник Пушкину является одним из самых известных паиятников в России.

2. Московский государственный университет является старейшим высоким учебным заведением России.

3. Город с населением более 10 миллионов человек называют мегаполисом.

4. Этот музей был создан в 19-ом веке.

5. Сегодня утром я увидел красивую девушку с длинными волосами.
6. Правительство должно защитить права граждан.

Урок 4

II.
1. Ректор поздравил (студентам-дипломникам) с окончанием университета.
2. Он поблагодарил (друзей) за помощь.
3. Мы ждём (рабочих).
4. На нужно голосовать за (честных политиков).
5. Рабочая группа анализировала (материалы).
6. В городе строят (новые дома).
7. Принято решение отремонтировать (старые здания).
8. Правительство должно поддерживать (предпринимателей).
9. Добро пожаловать (гостей) из Центральной Азии.
10. Нам нужно поставить (новые задачи) для экономического роста.

III.
1. Это предприятие занимается производством автомашин.
2. Какую религию выбрать – это очень важный вопрос.
3. Национальная ассамблея приняла новый закон по охране окружающей среды.
4. С давних времён корейцы занимались сельским хозяйством.
5. Нам нужно активно вести борьбу с терроризмом.
6. У него была возможность познакомиться с корейской культурой.
7. Для здоровья нельзя курить и пить алкоголь.
8. Киевская Русь приняла христианство.
9. Князь Владимир отказался от ислама по трём причинам.

10. Правительству необходимо принять меры для преодоления экономического кризиса.

 Урок 5

II. 1. Страны БРИКС обращают большое внимание на расширение сотрудничества с (развивающимися странами)

2. Переводчик должен обладать (языковыми способностями)

3. Он увлекается (классическими фильмами).

4. Предприниматели средне-малых предприятий могут пользоваться (налоговыми льготами).

5. Под (голубыми небесами) лежит снег.

6. Перед (народами) всех стран стоит важная задача – обеспечить мир.

7. Мы жили в комнате с (большими окнами)

8. Они боролись с (врагами).

9. Я пойду в библиотеку за (книгами).

10. Мы должны внимательно наблюдать за (событиями).

III. 1. Как называется эта улица?

2. Корея гордится большими экономическими успехами.

3. Ставили памятник известным людям этого города.

4. Его красивый голос невозможно перепутать с другими.

5. Россия активно участвует в международном сотрудничестве в области экологии.

Урок 6

Ⅱ.   1. Они спросили о (результатах).

2. Это произошло при (свидетелях)

3. При (всех усилиях) они не получили хороших результатов.

4. На (фабриках и заводах) состоялись предвыборные собрания.

5. Мы уверены в (ваших успехах).

6. Они не были на (занятиях)

7. Она сказала о (своих недостатках)

8. Нам нужно беседовать о (наших задачах).

9. Мать всегда заботится о (детях)

10. Весь мир беспокоится о (экологических проблемах).

Ⅲ.   1. Трудолюбие казахстанского народа имеет сходство с корейским и русским народом.

2. Можно ли найти сходство между корейским и русским народами?

3. Я получил большое впечатление от поездки в Москву.

4. Северная Корея удивила весь мир выпуском ядерной ракеты.

5. Русское общество мечтало о свободе и политических реформах.

6. Она сохраняла хорошую память о своих студенческих годах.

7. В тот период русское общество находилось под впечатлением победы в войне 1812 года с Наполеоном.

Урок 7

Ⅱ.   1. В воскресенье мы не занимались, мы весь день <u>отдыхали</u>. Мы хорошо <u>отдохнули</u> и теперь можем продолжать работу.

2. Врачи долго <u>лечили</u> его и наконец <u>вылечили</u>. Теперь он

совершенно здоров.

3. Мой друг долгое время изучал английский язык.
4. Мы сидели и внимательно слушали. Преподаватель объяснял значение новых слов.
5. Я пришёл к концу собрания. Коллеги всё ещё обсуждали этот вопрос.
6. Учительница сидела за столом и проверяла ученические тетради.
7. Друг не мог пойти со мной в кино, потому что готовился к семинару.
8. Вдруг пошёл дождь, и мы решили вернуться домой.
9. От леса до реки мы шли целый час полем.
10. Вдруг подул сильный ветер, сразу стало холодно.
11. Появилось солнце и сразу роса заблестела на траве и на листьях.
12. Вечером мы долго гуляли в саду.
13. Дети выбежали из дома, побегали немного по двору и побежали на улицу.
14. Он не пошёл с нами в кино и весь вечер занимался в читальном зале.
15. Мы уговаривали её спеть нам эту песню, но она не соглашалась. Мы, наконец её проверялауговарили, и она спела нам эту песню.

Ⅲ. 1. Я ещё не могла решить – кем я буду.
2. Выбор профессии определяет будущее человека.
3. Родители разрешили мне учиться в России.
4. Корейское правительство нужно готовиться к зимним олимпийским играм 2018 года, которые состоятся в южнокорейском Пхенчхане
5. ООН помогает в борьбе с бедностью.
6. Всемирный Банк помогает развивающимся странам добиваться устойчивого развития.

Урок 8

II. 1. Вчера я <u>встал</u> рано утром. Я всегда <u>вставал</u> (так рано).

2. Когда мы жили летом в деревне, мы <u>ложились</u> спать очень рано. Они <u>легли</u> спать и сразу заснули. (ложились, легли)

3. Она <u>кончила</u> писать письмо, положила ручку и встала. Каждый день она <u>кончала</u> работу в три часа и уходила домой.

4. Изредка <u>заходил</u> к нам мой старый школьный товарищ. Сегодна он кончил работу раньше обычного и <u>зашёл</u> к нам. (заходил, зашёл)

5. Она не могла работать спокойно, поминутно <u>вставала</u> и <u>начинала</u> ходить по комнате.

Она уже давно <u>встала</u> и <u>начала</u> работать.

6. Он всегда во-время <u>возвращал</u> мне книги, которые были у меня. Я не помню, <u>вернул</u> ли он мне эту книгу.

7. Он давно уехал к себе на родину. Время от времени я <u>получаю</u> от него письма.

Я надеюсь, что от него <u>получу</u> письмо к Первому мая.

Родители регулярно <u>присылали</u> мне посылки. Последнюю посылку они <u>прислади</u> мне неделю тому назад.

III. 1. Чайковский написал оперу Пиковая дама за сорок дней.

2. Автор за пять лет собрал материал для этого первого истического романа.

3. Мы приготовились к зачёту за две недели.

4. Архитектор составил проект за 3 месяца.

5. Профессор ответил на все эти вопросы за полтора часа.

6. Мы осмотрели выставку за 4 часа.

7. Студент за 20 минут записал на плёнку пересказ текста.

Ⅳ. 1. Детям всегда весело.

2. Мне не спалось от холода.

3. Она ничего не ела от требоги.

4. Вокруг лес берёз – куда ни посмотри.

Нам нужно с большим интересом изучать Россию

Урок 9

Ⅱ. 1. Мне трудно было выполнить это поручение, но я его выпонил.

Мне трудно было выполнить это поручение, и я его не выпонил.

Мне трудно было выполнить это поручение, а ему легко было это сделать.

2. Он давно занимается русским языком, но в его речи есть ошибки.

Он давно занимается русским языком, и в его речи нет ошибок.

Он давно занимается русским языком, а я начал изучать русский язык недавно.

3. Тучи покрыли небо, но дождя не было.

Тучи покрыли небо, и пошёл дождь.

4. Вчера светило солнце, но было холодно.

Вчера светило солнце, и было тепло.

Вчера светило солнце, а егодня идёт дождь.

5. Эта задача была лёгкая, а та задача была трудная.

Эта задача была лёгкая, и он решил её.

Эта задача была лёгкая,но он не решил её.

6. Дверь его комнаты открылась, а дверь соседней комнаты закрылась.

Дверь его комнаты открылась, но никто не вошёл.

Дверь его комнаты открылась, и вошёл незнакомый человек.

Ⅲ. 1. Какой честный человек!

2. Корея ! Какая историческая красивая страна!

3. Они жетвовали своей жизнью за защиту родины от врагов..

4. Она кричала, как будто видела призрак.

Урок 10

Ⅱ. 1. Ночь становилась всё темнее.

2. С каждым днём подъём в гору становился круче.

3. Тропинка становилась всё уже и скоро совсем пропала.

4. Приближалась весна. Дни становились длиннее ночи становились короче.

5. Задача оказалась труднее, чем мы думали.

6. Мы смотрели в окно вагона, и перед нами открывались картины одна другой интереснее.

7. С каждой минутой его речь становилась увереннее и спокойнее.

Ⅲ. 1. Пушкин – величайший (самый великий) русский поэт.

2. Прямая – корочайшее (самое короткое) расстояние между двумя точками .

3. МГУ - старейший (самый старый) университет страны .

4. Енисей – моговоднейшая (самая многоводная) река России.

5. Кузбас – крупнейшее (самое крупное) месторождение угля в России.

Ⅳ. 1. Гора Эверест – самая высокая гора в мире.

2. Какое время года самое любимое?

3. Предсказали, что сегодня идёт дождь. Возьми с собой зонтик.

4. У меня плохая память и нужно записать.

5. Чайковский – самый великий композитор.

6. Он старше меня на 5 лет.

Урок 11

Ⅱ. 1. Рабочие, посещающие клуб.

Клуб, посещаемый рабочими

2. Газета, публикующая объявления.

Объявления, публикуемые газетой

3. Переводчик, переводящий статью.

Статья, переводимая переводчиком

4. Перподаватель, проверяющий письменные работы.

Письменные работы, проверяемые преподавателем

5. Ученики, любящий учителя.

Учитель, любимый учеником

6. Завод, производящий станки.

Станки, производимые заводом

7. Студент, сдающий экзамен.

Экзамен, сдаваемый студентом

8. Человек, познающий мир.

Мир, познаваемый человеком

9. Луна, освещающая море.

Море, освещаемое луной

10. Овраг, пересекающий поле.

Поле, пересекаемое оврагом

Ⅲ. 1. Докладчик, внёсший предложение

Предложение, внесенное докладчиком

2. Собрание, принявшее решение

Решение, принятое собранием

3. Художник, нарисовавший портрет

Портрет, нарисованный художником

4. Колхозники, посеявшие рожь

Рожь, посеянная колхозниками

5. Учёный, открывший закон

Закон, открытый учёным

6. Геологи, нашедшие железную руду

Железная руда, найденная геологами

7. Портной сшил костюм

Костюм, сшитый портным

8. Студент, сдавший экзамен

Экзамен, сданный студентом

9. Артист, спевший арию

Ария, спетая артистом

10. Друг, забывший книгу

Книга, забытая другом

11. Солдат, зарядивший винтовку

Винтовка, заряженная солдатом

12. Мать мыли посуды

Посуды, мытые матерью

IV. 1. Все страны мира должны сотрудничать и преодолеть экономический кризис.

2. В результате экономической реформы Россия достигла больших успехов.

3. В прошлом году Корея пережила трудности из-за повышения цен на нефть и на сырьевые материалы.

4. Что вспоминает вам Бибимбап?

5. Петербург являетя неповторимо прекрасным городом, но в то же

время не терящим связи с традициями русского градостроительства.

Урок 12

II. 1. Важные вопросы обсуждались собранием.

2. Последний экзамен был сдан студетами.

3. Работа была закончена им в срок.

4. На семинаре доклады всех студентов будут послушаны нами.

5. Этот большой дом был построен недавно.

III. 1. Тучи покрыли небо.

2. В киоске продают газеты и журналы.

3. Выставку скоро будут открыть.

4. На этом заводе производят машины.

5. Этому важному вопросу уделялли мало внимания.

IV. 1. В корейских блюдах отражаются культура и жизненный образ корейцев.

2. После появления Интернета жизнь человечества резко изменилась.

3. Зелёные технологии создают новую добавочную стоимость.

4. Раньше корейцы предпочитали деревянный дом.

5. Редкий иностранец уедет из России, не купив русский сувенир.

Урок 13

II. 1. Почему ты так редко пишешь мне?
Пишите, пожалуйста, чаще.

2. Скажите, пожалуйста, который час?

3. Вас плохо слышно, говорите громче.

4. Здесь очень душно, будьте добры, откройте окно.

5. Какой у вас журнал? Покажите мне, пожалуйста.

6. Все открыли книги? Анна Ивановна, читайте, пожалуйста, текст.

7. Принимайте это лекарство два раза в день.

8. Не зажигайте свет: ещё светло.

9. Не забудьте принести книги, которые ты мне обещал.

10. Никогда не обещайте того, что ты не можешь выполнить.

11. Здесь яма, будьте осторожны, не упадите в неё.

12. Оденьтесь потеплее, смотрите, не простудитесь.

13. Не открывайте окно, а то будет холодно.

Ⅲ. 1. Та рыба начала говорить человеческим голосом.

2. Он пошёл в магазин за вином и фрутами.

3. Вчера она пришла на вечер в красном платье.

4. Жарко, и не открывайте окно.

5. Дедушка сказал рыбе, чего хотела бабушка.

Урок 14

Ⅱ. 1. Вас зовут.

2. Тебе звонили.

3. Открыли окно.

4. Тебя ждут.

5. В этом магазине продают книги.

6. По радио передавали симфонический концерт.

7. В нашем городе строят новый завод.

8. Школу отремонтировали к новому учебному году.

9. В клубе демонстрируют новый кинофильм.

Ⅲ. 1. Ученица стала лучше произносить русский твёрдый звук л.

2. Учитель начал объяснять новый материал.

3. Вчера вечером у нас было собрание, но я всё таки успел выполнить домашнее задание.

4. Кодга ты кончишь завтракать, вымой посуду и убери со стола.

5. Он так спешил на лекцию, что даже забыл позавтракать.

6. В деревне она привыкла вставать с восходом солнца.

7. Я рад, что мне удалось купить билет на этот интересный концерт.

8. Он очень занят сейчас, поэтому он перестал вставать репетиции хора.

9. У кого она научилась так хорошо шить платья?

10. Дежурный принялся убирать комнату.

11. Мать устала отвечать на бесконечные вопросы ребёнка.

12. Мне надоело обсуждать этот вопрос.

13. Она почкму-то избегает встречаться с нами.

14. Он окончил университет, но продолжал изучать английский язык.

15. Я хочу объяснить вам, почему я не пришёл вчера.

16. Я надеюсь скоро привыкнуть к здешнему холодному климату.

17. Студент старается выполнить этот план к сроку.

18. Она пробовала выражать свою мысль по- русски, но это ей не вполне удалось.

19. Врач, который лечит этого больного, сказал, что он надеется вылечить его быстро.

20. Он просил меня вылечить его с нашим преподавателем.

21. Больному стало лучше, он надеется скоро выздоровить.

22. Друзья хотят до самого ужина играть в шахматы.

23. Я хочу поскорее получить ответ на своё письмо.

IV. 1. Друг убедил меня не покупать эту новую книгу.
   2. Я решил не отвечать на это письмо.
   3. Она решила не шить себе новое платье.
   4. Он обещал не возвращаться домой до восьми часов вечера.
   5. Я просил его не знакомить меня с этим человеком.
   6. Мы уговорили её не уезжать.
   7. Мы договорились не встречаться завтра после урока.
   8. Сосед обещал не будить меня рано утром.
   9. Она просит не зажигать свет.
   10. Мы решили не приглашать гостей.

V. 1. Вам не нужно оставаться сегодня после занятий.
   2. Эту книгу не стоит читать.
   3. Завтра мне не надо вставать рано.
   4. Не нужно вызывать врача.
   5. На этом вопросе не следует останавливаться.
   6. Не надо посылать сестре посылку.
   7. Нам не нужно встречаться сегодня вечером.
   8. На это не следует обращать внимание.

VI. 1. Арбат не сломали, его решили модернизировать на европейский лад.
   2. С прошлого года мировая экономика начала оживляться.
   3. В Интернет-магазинах можно купить товары хорошего качества за низкую цену.
   4. Корея превратилась из сельскохозяйственной страны в промышленно-развитую
   5. Корея и Росия имеют много общего.

 Урок 15

II. 1. Листья желтеют, когда наступает осень.

2. Озеро шумит, когда дует сильный ветер.

3. Дети катаются на коньках, когда наступает зима.

4. Мы вернулись домой, когда было совсем темно.

5. Когда он открыл окно, в комнату ворвался сильный ветер.

6. Когда мы постучали в дверь, в квартире послышались шаги.

7. Когда пришла весна, перелётные птицы вернулись в наши края.

8. Когда корабль был далеко от берега, началась буря.

9. Когда он пришёл, все уже собрались.

10. Когда мы пришли в театр, до начала спектакли оставалось 15 минут.

III. 1. Когда началось лето, детей всегда отправляли за город на дачу.

2. После того, как брат окончил техникум, он поступил на завод.

3. Когда наступил вечер, в горах стало темно.

4. После того, как она вернулась в родной город, она опять стала работать на фабрике.

5. До того, как эта работа будет завершена, он не может уехать отсюда.

6. По мере того, как мы продвигаемся в глубь леса идти становится всё труднее.

7. Пока он не выздоровится, ему нельзя выходить из дома.

8. Перед тем, как ты отъедешь в командировку, обязательно зайди ко мне.

9. Когда война происходила, она работала сестрой в госпитале.

IV. 1. После того как ребёнок заснул, мать вышла из комнаты.

2. Он почти не изменился, с тех пор как мы виделись в последний раз.

3. Пока друзья разговаривали, он успел сходить в магазин.

4. По мере того как альпинисты поднимались в гору, становилось холоднее.

5. Садись и работай, пока не всё задание будет выполнено.

V. 1. Мэр города Сеул пообещал сделать город Сеул удобным и счастливым.

2. Корейцы посещают родную деревню отмечать Новый год.

3. ООН предложила промышленно-развитым странам сократить парниковый газ.

4. В России отмечают Рождество по византийскому календарю.

5. Весь мир должен приготовиться к потеплению Земли.

Урок 16

II. 1. Я хотел, чтобы мои друзья скорее вернулись из дома отдыха.

2. Я сегодня узнал, что мои друзья вернулись из дома отдыха.

3. Они почувствовали, что очень устала и не может продолжать работу.

4. Надо, чтобы вы отдохнули и потом продолжали работу.

5. Из этого письма я узнал, что моя сестра поступила в университет.

6. Мать всегда хотела, чтобы сестра поступила в университет.

7. Перподаватель попросил студентов, чтобы они ещё раз прочитали текст.

8. Перподаватель сказал студентам, что они должны ещё раз прочитать текст.

9. Мы рады, что ты хорошо сдал экзамен.

10. Мы все хотели, чтобы ты хорошо сдал экзамен.
11. Соседка сказала, что ко мне приходил кто-то.
12. Я попросил моего друга, чтобы он пришёл ко мне.
13. Нужно, чтобы вы меня правильно поняли.
14. Я думаю, что вы меня правильно поняли.
15. Все хотят, чтобы завтра была хорошая погода.
16. Все довольны, что вчера была хорошая погода.

Ⅲ. 1. Она с грустью смотрела, как ветер кружил в воздухе жёлтые листья. (что 대체 불가능)

2. Я лежал в постели и слушал, как дождь стучал по крыше. (что 대체 불가능)

3. Мы часто ходили на бкрег смотреть, как за морем садилось солнце. (что 대체 불가능)

4. В окно было видно, как к воротам подъехала машина. (что 대체 가능)

5. Мальчик наблюдал, как муравья ползали по стволу дерева. (что 대체 불가능)

6. Вдруг мы услышали, как заскрипела дверь и кто-то вошёл в соседнюю комнату. (что 대체 가능)

7. Я увидел, как она подошла, к преподавателю и стала о чём-то разговаривать с ним. (что 대체 가능)

8. Было слышно, как за окном шумел ветер. (что 대체 가능)

Ⅳ. 1. Так как в самом начале я сделал ошибку, я не мог решить задачу.

Я не мог решить задачу, потому что в самом начале я сделал ошибку.

2. Так как ярко светило солнце, снег быстро таял.

Снег быстро таял, потому что ярко светило солнце.

3. Так как он был болен, он не был на занятиях.

   Он не был на занятиях, потому что он был болен.

4. Так как было уже поздно, мы пошли домой.

   Мы пошли домой, потому что было уже поздно.

5. Все быстро заснули, потому что все очень устали.

   Так как все очень устали, все быстро заснули.

6. Деревья стали желтеть, потому что приближалась осень.

   Так как приближалась осень, деревья стали желтеть.

7. Вода в реке сильно поднялась, потому что целую неделю шли дожди.

   Так как целую неделю шли дожди, вода в реке сильно поднялась

8. Так как тучи закрыли луну, стало совсем темно.

   Стало совсем темно, потому что тучи закрыли луну.

9. На факультете никого не было, потому что лекции давно кончились.

   Так как лекции давно кончились, на факультете никого не было

10. Так как у меня не было этой книги, я пошёл в библиотеку.

    Я пошёл в библиотеку, потому что у меня не было этой книги.

V. 1. Люди смеялись над ним за его спиной.

2. Она умеет писать по-русски.

3. Родители верят в способность и потенциал своих детей.

4. Лодку унесло ветром.

5. Он грустил, потому что он бросил свою мечту.

6. Несмотря на то, что у него не было времени, он серьёзно учился.

Урок 17

Ⅱ. А)

1. Мы пошли по тропинке, которая вела к дому.

2. Утором начался дождь, который не прекращался весь день.

3. Мы спустились к морю, которое в это утро спокойно.

Б)

1. Посетитель подошёл к столу, за которым сидел секретарь.

2. Дети вбежали в комнату, среди которой стоялп ёлка.

3. Наконец вдали засверкали огни деревни, в которой мы могли переночевать.

В)

1. У меня есть полное собрание сочинений Пушкина, стихи которого я очень люблю.

2. На столе стояли цветы, запах которых наполнял комнату.

3. Мы отдыхали под деревьями, в тени которых было прохладно.

Ⅲ. 1. Мы увидели лодку. Лодка медленно приближалась к берегу.

2. Все готовятся к экзаменам. Экзамены скоро начнутся.

3. Падал снег. Снег тут же таял …

4. Я хочу успкть на поезд. Поезд отходит в 10 часов.

5. Я получил от брата письмо. В письме он сообщил о своём поступлении в институт.

6. На нашем пути была река. Через реку нам нужно было прейти.

7. В воскресенье я пойду в гости к друзьям. У друзей я давно не был.

8. В своём докладе он светил вопросы. Воросами все мы

интересуемся.

9. Вдали виделось озеро. Озеро сверкало на солнце.

10. Я живу в комнате. Окна комнаты выходят в сад.

IV. 1. Работники сильно выступали против снижения зарплаты.

2. Время проходит как стрела.

3. Мы выступаем за обеспечение демократии и свободы.

4. Он никогда не опаздывает на урок.

5. Она мечтала о красивой любви.

Урок 18

II. 1. 사랑하는 당신, 저에게 말해주세요, 제가 바래도 될까요?… 우리가 서로 사랑하는 것을"

2. 단 일분도 단 둘이 있게 내버려두질 않았다.

3. 젊은 두 사람은 이반이 안나에게 드디어 청혼한 바로 그 날인 8월 말까지 이런 처지에 놓여있었다.

4. 그리고 후에 둘은 서로 사랑하는 동안 내내 이 못된 녀석의 귀를 잡아당기는 이 순간만큼 행복했던 적은 한 번도 없었다고 고백하였다.

III. 1. Когда молодые люди целовались, вдруг послышался смех. Они посмотрели на реку и увидели, что что в воде, совсем недалеко от них, стоял мальчик.

2. Лапкин вынул из кармана рубль и подал его Коле. Тот быстро схватил рубль, прыгнул в воду и поплыл.

3. Однажды за обедом Коля вдруг громко засмеялся и и спросил у Лапкина: — Сказать? А?

IV. 1. Мы приехали в Москву, чтобы изучать русский язык.

2. Я пришёл к другу, чтобы вместе с ним разговаривать.

3. Я пришёл к другу, чтобы он выздоровился.

4. Рыбак привязал лодку, чтобы она не двигалась.

5. Дети пошли к реке, чтобы плавать.

6. Брат позвал сестру, чтобы она убирала комнату.

7. Мы часто встречались, чтобы подняться на гору.

8. Директор послал сотрудника на завод, чтобы выполнить задания.

V. 1. Команда приехала из Киева в Москву, чтобы участвовать в футбольном матче.

2. Мы организовали культурные мероприятия, чтобы развивать отношения с Россией.

3. Он уехал в Москву, чтобы изучать русскую литературу.

VI. 1. ООН тебовала, чтобы развитые страны оказали отсталым странам финансовую поддержку.

2. Из-за повышения цен на нефть и сырьевые материалы предприятия находятся в очень трудном состоянии.

3. Министерство охраны окружающей среды должно вести строгий контроль над загрязенением экологии.

4. Нам следует начать кампанию за борьбу с бедностью.

Урок 19

II. 1. Если ночь будет тёлой, мы будем ночевать под открытым небом.

2. Урожай будет хороший, если дожди пройдут вовремя.

3. Если вы устали, мы сделаем перерыв.

4. Я возьму эту книгу, если она тебе больше не нужна.

5. Если сегодня будет собрание, я вернусь домой поздно.

6. Я напишу письмо, если хватит времени.

III. 1. Мы поехали бы за город, если бы погода была хорошая.

2. Я остался бы здесь, если бы я чувствовал себя плохо.

3. Я принёс бы тебе книгу, если бы я её прочитал.

4. Брат был бы врачом, если бы он сдал экзамены.

5. Он бы не заболел, если бы он принимал лекарство.

IV. 1. Если будет твоя помощь, я выполню эту работу.

2. Если бы вы пожелали, вы могли бы написать сочинение лучше.

3. Если бы не было этого дождя, урожай мог бы погибнуть.

4. Если бы был попутный ветер, наша лодка двигалась бы очень быстро.

V. 1. Выйди двумя минутами раньше, мы не опоздали бы на поезд.

2. Не встречай вас случайно, я до сих пор ничего не знал бы об этом.

3. Будь у нас билеты, мы пошли бы бы в театр.

4. Скажи он мне об этом, я бы помог.

VI. 1. Без Вашей помощи я не смог устроиться на работу.

2. Если мы достаём билет на самолёт, завтра мы уедем в Россию.

3. Я так устал, что я не смог закончить работу.

4. Нам нужно узнать, как использовать компьютер.

5. Правительству приходится удовлетворить требования граждан.

Урок 20

Ⅱ. 1. Князь Андрей узнал Наташу, понял, что она была начинающая, и с весёлым выражением лица подошёл к Ростовым.

2. Когда он предложил тур вальса, её лицо осветилось счастливой, детской улыбкой.

3. Едва он обнял её тонкий стан и она улыбнулась ему, вино её прелести ударило ему в голову.

4. Когда танец окончился, он почувствовал себя ожившим и помолодевшим.

5. Она зашевелилась так близко от него и улыбнулась так близко от него.

Ⅳ. 1. Когда он закончил свой рассказ, все засмеялись.

2. Если у вас возникнут трудности, обращайтесь ко мне в любое время за помощью.

3. В этом году Корея демонстрирует высокий экономический рост по сравнению с прошлым годом.

4. Благодаря развитию ИКТ Корее удалось войти в ряд развитых стран.

5. Желаю вам здоровья и успехов.